# 国民健康保険



結城 康博



岩波ブックレット No. 787

# はじめに

毎年、秋から冬にかけて風邪が流行すると、多くの学校で学級閉鎖となります。特に二〇〇九年は、新型インフルエンザ問題で、社会全体が大きな影響を受けました。具合が悪くなると、私たちは、近くの診療所や病院へ行き、診察を受け薬局で薬をもらいます。そして、ある程度元気になるまで安静にしたり、やむなく辛いながらも仕事や通学を続けたりします。そういう経験は、誰しもあるでしょう。

このように私たちが医療機関へかかる際に必ず持参する医療保険証は、非常に便利なものです。時には、身分証明証にもなりますが、この保険証一枚あれば、全国のほとんどすべての医療機関にアクセスでき、その費用の自己負担も三割で済みます(七五歳以上は一割)。

しかも、「あの病院には、名医がいるから、自己負担額が四割になる」とか、逆に「あそこは評判が悪い病院だから、二割負担で済む」といったことはありません。このように、患者側に医療機関のフリーアクセス権が公正に認められているのは、日本の医療制度の大きなメリットといえるでしょう。

この医療保険証は、日本に住所を有する人であれば、原則的には、誰もが持っていることになっています。つまり、国民の誰もが、病気になれば簡単に医療機関へアクセスすることができ、医療サービスを平等に享受できるのです。通常、これは「国民皆《かい》保険制度」といわれ、諸外国からも優れたシステムとして評価されています。

　アメリカでは、ようやく二〇一〇年にオバマ政権の下、多額の公費投入によって「国民皆保険制度」への方向性が示されました。アメリカは経済大国といわれながらも、長年、四五〇〇万人もの無保険者が存在し、病気になっても医療サービスを受けられない人が多数いることが社会問題となっていたのです。それに比べ、日本では一九六一年頃から「国民皆保険制度」が確立し、一定程度の医療サービスは貧富の差に関係なく享受できるようになっています。しかし、ここ数年、この公正な医療制度に、綻《ほころ》びが出始めているのです。これは、「国民皆保険」の基礎である国民健康保険制度というシステム、つまり原則として、勤め人以外の人を対象とした医療システムに大きな問題が生じており、その存続が危ぶまれているためです。

　現在、民主党連立政権下では、後期高齢者医療制度の廃止議論と併せて、国民健康保険制度の抜本的な見直しが検討されています。世界的にも評価が高い、日本の医療システムを維持させていくためには、いかに国民健康保険制度を安定的に運営していくかが最重要な課題なのです。

# 第一章　保険証一枚で医療サービスが受けられる

## (一)自分の医療保険証の種類を知っている?

原則、誰でも医療保険証を持っているはずですが(生活保護受給者を除く)、その種類について考えたことはありますか。その種類は、世帯主の職種などによって、大きく五つに分かれています(**図1－1**)。

### ①大企業に勤めている人たち

大企業に勤めている人やその家族が持っている医療保検証は、組合管掌《かんしょう》健康保険(組合健保)の保険証です。組合健保とは、会社の規模が常時七〇〇人以上の従業員を有するか、もしくは同じ業種の会社が集まって三〇〇〇人以上の団体を作るか、という二つの場合に、厚生労働大臣の許可があれば、独自の医療保険を運営する組織を作ることができ、そうして作ったものです(健康保険組合)。このような組合健保という医療保険者は、現在、約一五〇〇存在しています。

なお、保険者とは、加入者から保険料を徴収し、保険サービスにおける金銭的なやり取りを行う運営主体のことです(**図1－2**)。そして、被保険者とは、保険料を支払うなどの加入者を意味

**図 1-1　日本の医療制度の種類**

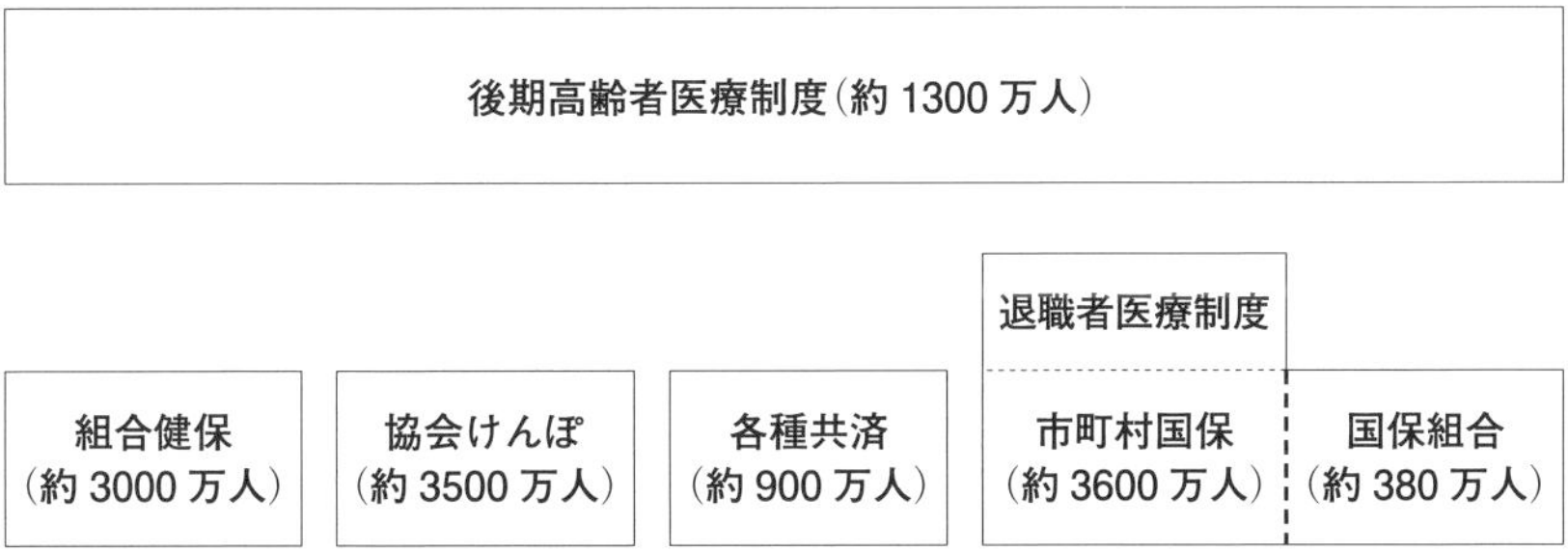


厚労省保険局『第 1 回高齢者医療制度改革会議』2009 年 11 月 30 日,
厚労省国民健康保険主管課長部長会議「保険局国民健康保険課説明資料」2009 年 2 月 12 日から作成

**図 1-2　保険者と被保険者の関係**

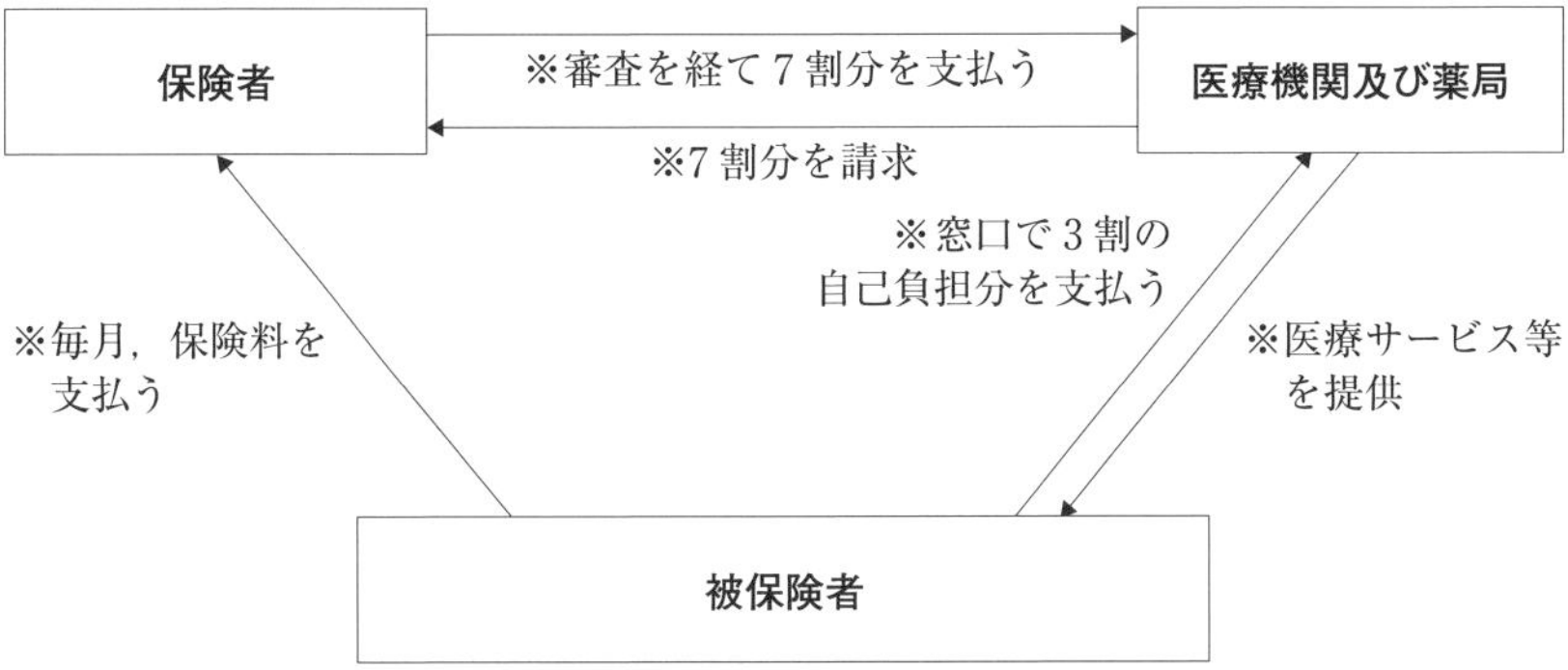

します。

## ②中小企業に勤めている人たち

中小企業で働いている人やその家族は、全国健康保険協会(協会けんぽ)が医療保険者となっている医療保険に加入しています。従来は、政府管掌健康保険といって、国(社会保険庁)によって運営されていましたが、二〇〇八年一〇月一日から全国健康保険協会が設立され、民間組織として、都道府県ごとに支部が置かれ保険の運営がなされています。ですから、都道府県ごとに保険料が異なります。

なお、二〇一〇年一月に社会保険庁が解体されたことで、船舶の乗組員を対象とした旧船員保険(職務外疾病部門)は、全国健康保険協会が運営することになりました。

## ③公務員や私立学校の教職員

公務員やその家族は、国家公務員であれば国家公務員共済組合、地方公務員であれば各種地方公務員共済組合に加入し、それぞれの医療保険証を有しています。公務員は、職員が所属する組織(市町村単位)で組合を結成して、それらが保険者として医療保険制度を運営しているのです。

ただし、私立学校で働いている教員や事務職員(とその家族)は、日本私立学校振興・共済事業団が運営する私学共済という医療保険に加入し、私立学校教職員共済加入者証という保険証の交付を受けます。ですから、共済組合といっても一律ではなく、自分が働いている職種によって医療保険者が異なります。

**④自営業者や無職の人たち**

大企業や中小企業といった勤め人ではなく、農林水産業などの、自営で生計を営んでいる人たちは、本書のテーマである国民健康保険制度(国保)に加入することになります。しかも、自営業者だけではなく、無職といった定職に就いていない人も、この国保に加入することになっています。いわば、勤め人以外の人は(七五歳未満であれば)、大部分が国民健康保険制度に加入することになります。なお、外国人も一年以上日本に住所を有していれば、加入することになります。

**⑤市町村国保**

国保には、大きく二つの種類があります。

一つ目は、主に自営業者や無職の人が加入する国民健康保険です。これは市町村が保険者なので、市町村国保と言われます。一般的には、単に国保という場合には、この市町村国保のことを指すケースが多いようです。二〇〇八年度の保険者数は約一八〇〇です。これは、世帯(家族)単位で加入しますので、一人の世帯主が加入していれば、同じく生計を維持している家族ならば、一緒にその国保に加入することになります(勤め人は除く)。

ただし、市町村国保の加入者の中には、長い間、勤め人だった人もいます。このような人(六五歳未満)たちは、市町村国保に加入していても、退職者医療制度という位置づけになります。

そして、退職前に加入していた健康保険者は、現在、その人（退職者）が加入している市町村国保に交付金を負担することになっています。ですから市町村国保の加入者の中には、勤め人扱いの人もいるのです。

現在、市町村国保の加入者の中で無職の人の割合が、年々高くなってきています。一方、本来の加入者と想定されていた自営業者や農林水産業の人たちが少なくなってきているのです。その意味では、市町村国保の意義も変化してきているといえるでしょう。

⑥国民健康保険組合（国保組合）

二つ目は、国民健康保険組合（国保組合）という国保です。戦後すぐから市町村国保はありましたが（一九四八年市町村公営原則の確立）、すべての自治体が保険制度を創設することはできませんでした。なので、国保組合が足りない市町村国保を補っていたのです。ある地域内で同業種の自営業者等が集まって組合を作り、その仲間同士で互助組織的に医療保険を運営していたのです。

例えば、医師同士が集まって医師国民健康保険組合を創設しています。同じように薬剤師、歯科医師、建設土木関係者、理容・美容師、弁護士といった同業種で組合を結成し、医療保険制度を運営してきました。現在、このような国保組合は一六五あります。

しかし一九五九年、国民皆保険制度を目指して、全市町村に国民健康保険制度の実施が義務づけられました。つまり、このとき市町村国保が本格的に全国で実施され、その後国民皆保険制度が達成されていったのです。

## ⑦七五歳以上の人たち

五つ目の医療保険制度は、民主党が二〇〇九年夏の総選挙の際、「廃止」と銘打った後期高齢者医療制度です。簡単にいえば、七五歳以上の全ての人は、後期高齢者医療制度に加入することになります。ですから既述のような組合健保、協会けんぽ、各種共済、国保に加入している人も、七五歳になると全員、この後期高齢者医療制度に加入することになります。

ただ、七〇歳を過ぎても勤め人でいる人は、役員などといった少数の人です。多くは無職ですので、七五歳になると市町村国保から後期高齢者医療制度に移行する人が大部分なのです。

この制度は、二〇〇八年四月から実施されていますが「七五歳という年齢で区切ることは、年齢差別ではないか」などといった批判が相次ぎ、当時の自民党政権が大幅な見直しを余儀なくされたことは、読者のみなさんも記憶に新しいことでしょう。

原則、窓口自己負担は、所得の高い人を除いて一割です。これは他の医療保険制度の三割とは異なります。

しかし、財源が他の医療保険制度によって支えられていることや、七五歳という年齢で区切っている点など問題が多いことを考慮して、現在、新たな高齢者医療制度の創設にむけて作業に取りかかっています。

## (二)国民皆保険制度は優れた制度

### アメリカでは四五〇〇万人が無保険状態

二〇〇九年からアメリカのバラク・オバマ大統領は、公的医療保険制度の創設にむけて奔走していました。周知のように、アメリカでは低所得者や高齢者の一部を除いて、公的医療保険制度はありませんでした。基本的には、各自が民間医療保険に加入して、疾病《しっぺい》に備えていたのです。

日本でも、がん保険、入院保険、生命保険といった民間保険会社が運営している医療保険がありますが、アメリカでは例外を除いて、皆がこのような民間保険会社に医療システムを依存しているのです。けれども民間医療保険の保険料は、毎月の掛け金(保険料)が高いのは周知のとおりです。しかも、年齢が高くなると、保険料も引き上げられていきます。

ですから、これまで経済的に余裕のない人は、民間医療保険には加入できませんでした。いわば医療保険に加入できず、無保険状態になっていたのです。おカネのない人は、たとえ病気になっても充分な医療サービスを受けられなかったのです。

しかし、既述のように、ようやく二〇一〇年三月、医療制度改革がはじまりました。これまで約四五〇〇万人もいた医療無保険者のうち約三六〇〇万人を、一〇年間で約八五兆円の政府資金を支出して民間医療保険会社に加入させ、医療保険の被保険者にさせることになったのです。

### 平等な日本の医療システム

繰り返しますが、日本では「国民皆保険制度」が基本になっていますから、低所得者であっても、原則としてすべての人が何らかの医療保険制度に加入しています。そのため、経済的状況にかかわらず、一定の医療サービスを誰もが享受できることになっています。

毎月支払う保険料額も、建て前では個人や世帯（家族単位）の経済状態に配慮しているため、支払えないということはなかったのです。仮に全く収入がなくなり、保険料が支払えなくなっても、生活保護を申請すれば「医療扶助」という位置づけで医療サービスを享受できます。

また、生活保護受給者だからといって、最先端の医療技術を享受できないわけではなく、たとえば誰もが大学病院等に受診できることになっています。

## 患者は自由に医療機関を選べる

国民皆保険制度は、経済的格差に関係なく医療サービスを享受できるほかに、患者側が自由に医療機関を選択できることもメリットです。たとえば、あの診療所の医師は言葉遣いが悪いから、少し遠くても、親切な医師がいる所へ行こうと思えば、できるでしょう。繰り返しますが、このようなシステムを「患者によるフリーアクセス権の担保」といいます。

アメリカでは民間医療保険に加入していても、必ずしも、患者側に「フリーアクセス権」が認められているわけではありません。また、公的医療システムが整備されているイギリスでは、病気になれば、とりあえずは「かかりつけ医」といった決められた医療機関で受診することになり、その医師から紹介されて専門医へアクセスします。

確かに日本でも、はじめから大学病院といったような専門医療機関へ受診するには、医師の紹介状がないと難しい場合がありますが、多少の金銭的負担を覚悟すれば、できないわけではありません。普段、当たり前のように感じているかもしれませんが、患者が自由に医療機関を選択できることは、たいへん優れたシステムなのです。

## デメリットもある

もちろん、日本の国民皆保険制度が優れているといっても、デメリットはあります。たとえば、加入している医療保険者によって保険料が異なることです。つまり、職種によって保険料額が違うのです。また、必ずしも全ての医療サービスに保険が適用されるわけではないということです。たとえば、入院すると個室料金が保険外適用になりますので、かなりの出費になる恐れがあります。経済的に安価な大部屋に入院できたとしても、環境が良好ではなくプライバシーが守られないこともあります。

## 医師不足等による問題

ところで、医療保険制度の話から少し外れますが、医療供給体制の視点から、医師不足や看護師不足といった問題が顕在化して、現在、大都市か過疎地かを問わず医療が危機的状況になっています。

マスコミ報道でよく耳にすると思いますが、小児・産科医不足、救急医不足、看護師不足による病棟閉鎖などといった、地域医療崩壊の危機について、誰しもが不安を抱かずにはいられません。

このように、日本の医療システムをさまざまな視点から考えると、多くの問題点があります。しかし、総体的に患者の視点からみれば、たいへん優れた制度なのです。今後も国民皆保険制度は、維持されなくてはならないと考えます。

そして、私たちは「国民皆保険制度」の骨格をなしている医療保険制度について、深く問題視していかなければなりません。

## (三)戦前からの公的医療保険制度

**初めての医療保険制度**

日本で初めて健康保険制度が創設されたのは、労働者を対象とした一九二二(大正一一)年の健康保険法の成立です。ただ、関東大震災という事件もあって、実際に制度が施行されたのは一九二七(昭和二)年でした。当時、労働者が病気になると、国全体の労働力の減退につながるとして、それを防ぐ意味で、最初に健康保険制度が労働者を対象に創設されたと考えられます。

しかし、当初、医療サービスは一年間一八〇日までしか認められず、保険で治療を受けても診療代が二割引になるという程度の、低いサービス水準でした。[1] その後、健康保険法は何度か改正され、サービス水準も上がり、労働者の家族にまで適用範囲が広げられていきました。

## 旧国民健康保険制度

労働者以外の農村や漁村の住民の医療保険制度は、一九三八年(昭和一三)の国民健康保険法(旧国保法)の成立からスタートします。戦前の国保は市町村が保険者とはならず、互助組織の意味合いから、地域住民が組合を組織して、同一業種の人たちが集まって特別国保組合(現在の国保組合)を作り、医療保険が運用されていきました。その区域は市町村単位でした。[2)]

戦後は、労働者における医療制度は、健康保険制度の拡充によって、医療へのアクセス権が保障されていきました。しかし、戦後の混乱から、農村地域を中心に無保険者が三〇〇〇万人以上に上り、大きな問題となっていました。[3)]

## 市町村国保は最後の砦

そこで一九四八年、国保は地域住民の組合から「市町村公営の原則」として改められ、徐々に医療保険制度が整備されていったのです。そして一九五六年、社会保障制度審議会によって『医療保障制度に関する勧告』が打ち出され、各市町村に国保の強制設立が提唱され、既述のように一九五九年、全市町村に国保事業の義務化が施行されたのです。これによって、原則、勤め人以外の人は、市町村国保によって医療保障が担保されやすくなっていくのです。

その際、従来の国保組合は存続されることになりましたが、原則としてその新設は認められないことになりました。そして一九六一年、全市町村で国保事業が展開される運びとなり、国民皆保険制度が実現されたのです。

このようにフリーターや無職といった健康保険制度に加入できない人でも、市町村国保には加入できます。いわば、市町村国保は国民皆保険制度における「最後の砦《とりで》」の機能を果たしているのです。

1　佐口卓『医療の社会化』勁草書房、一九八二年、九八頁。
2　新田秀樹『国民健康保険の保険者』信山社、二〇〇九年、六四頁。
3　結城康博『福祉社会における医療と政治』本の泉社、二〇〇四年、一三三頁。

# 第二章　保険料の高騰とその滞納問題

## (一)高騰する国保保険料

### 高齢化の問題

ここ数年、市町村国保における加入者の高齢化のスピードが速くなっていました(**表2－1**)。しかも、他の組合健保などの医療保険制度と比べると、平均年齢がかなり高くなっていることもわかります(**表2－2**)。ただし、二〇〇八年四月より七五歳以上の人は、後期高齢者医療制度に移行したため、一時、平均年齢は低くなりました。

当然、高齢化のスピードが著しい医療保険制度は、一人当たりの診療費も高くなり、結果として保険制度の財政負担が増えます。そうなると、現役世代で働いている市町村国保の加入者保険料も当然引き上げられてしまうことになります。

一般的に一人当たりの平均医療費を、高齢者(七〇歳未満)と若者とで比べると年間四・八倍もの差があります[1)]。若者が年間約一八・一万円に対して、高齢者は約八七・〇万円です。特に、入院医療費では、五・八万円に対して四三・二万円と約七・四倍にもなります。高齢になれば病気がちになるため、当然の結果かもしれません。

**表 2-1　市町村国民健康保険制度の年齢別加入者割合**

| | 1987 年度 | 2007 年度 |
|---|---|---|
| 60 歳以上 | 28.3% | 52.2% |
| 15 歳〜59 歳 | 55.3% | 40.0% |
| 14 歳以下 | 16.3% | 7.8% |

厚労省保険局「平成 19 年度国民健康保険実態調査報告」から作成

**表 2-2　各医療保険制度の加入者平均年齢(2008 年現在)**

| | 後期高齢者医療制度 | 市町村国保 | 協会けんぽ | 組合健保 | 共済組合 |
|---|---|---|---|---|---|
| 加入者平均年齢 | 81.8 歳 | 49.2 歳 | 36.0 歳 | 33.8 歳 | 33.4 歳 |
| 加入者一人あたりの医療費(年間) | 86.3 万円 | 28.2 万円 | 14.5 万円 | 12.6 万円 | 13.3 万円 |
| 保険財政における公費の投入額 | 4.8 兆円 | 4.3 兆円 | 0.9 兆円(大部分は協会けんぽ) | | |

厚労省保険局『第 2 回高齢者医療制度改革会議』2010 年 1 月 12 日から作成

**表 2-3　市町村国保・協会けんぽ・後期高齢者医療制度の年間保険料(自己負担分)**

| | 市町村国保 | 協会けんぽ | 後期高齢者医療制度 |
|---|---|---|---|
| 単身者(年収 201 万円) | 93000 円 | 82400 円 | 51600 円 |
| 単身者(年収 380 万円) | 226400 円 | 155800 円 | 205600 円 |
| 夫婦(年収 280 万円) | 111900 円 | 82400 円 | 84800 円 |
| 夫婦(年収 679 万円) | 387000 円 | 246000 円 | 387900 円 |

厚労省保険局『第 1 回高齢者医療制度改革会議』2009 年 11 月 30 日から作成

### 高額な保険料

読者のみなさんは、サラリーマン、自営業者、専業主婦などといったように、それぞれの立場が違い、加入している医療保険制度も異なるでしょう。その中でも、サラリーマンは、第一章で解説した組合健保もしくは協会けんぽに加入しており、医療保険料の半分は会社が負担しています。しかし、自営業者や無職となった高齢者は、市町村国保に加入していますから、すべての保険料を自ら支払うことになります。

**表2―3**からもわかるように、市町村国保の年間保険料は、他の健保に比べ高額です。特に、市町

村国保と協会けんぽにおける夫婦世帯の保険料額には、かなりの差が生じています。これは既述のように協会けんぽの保険料は、被用者保険という位置づけですから、会社が保険料の半額を支払っているためだと考えられます。

また、厚労省『平成一九年度国民健康保険実態調査報告』によると、市町村国保加入者の一世帯当たりの年間所得額は平均約一七〇万円となっています。しかも、一人当たりの所得はわずか平均約九一万円です。この所得額から一世帯当たり年間平均約一四・五万円、一人当たり年間平均約八万円弱の保険料が徴収されているのです。

なお、第三章でくわしく説明しますが、市町村国保の財源構成は単純に保険料から成り立っているわけではありません。少なくとも国、都道府県、市町村といったところからの公費が四兆円以上も用いられています(表2－2)。これだけの税金を用いても、他の組合健保などと比べて保険料が高いのです。それだけ保険料を支払うことに困難を抱える人が多く、病気になりやすい高齢者が多いと考えられます。

## (二)複雑な保険料算定の仕組み

### 保険料には地域格差がある

市町村国保の保険料は、単純に考えると、加入している人々がどれだけ医療費を使ったかで決まってきます。ですから医療費があまりかからない地域では、保険料が低くなり、市町村間で格

**表2-4　2008年度市町村国保における保険料格差(年間)**

| | 1位 | 2位 | 3位 | 全国平均 |
|---|---|---|---|---|
| 一人あたりの平均保険料が高額な地域 | 13.5万円 | 13.2万円 | 13.1万円 | 8.3万円 |
| 一人あたりの平均保険料が低額な地域 | 2.8万円 | 3.0万円 | 3.6万円 | |

厚労省保険局『第2回高齢者医療制度改革会議』2010年1月12日から作成

差が生じます。また、保険料を低く抑えるため自治体独自の財源を用いている場合もあるので、さらに保険料格差が生じるのです。

**表2－4**からわかるように、かなりの地域格差が生じています。保険料の高額な地域と低額な地域での差は、約四・八倍にもなっています。同じ日本に住んでいて保険料にこれだけ差があるということは、市町村の行政運営においても大きな課題となっているのです。

### 応益負担と応能負担

市町村国保の保険料は、国保税という形態でも徴収されることがあります。自治体によっては国民健康保険税の徴収といった通知を出している場合があります。しかし、保険料(税)の算定に関しては違いがなく、本書では「保険料」という位置づけで述べていきます。

まず、市町村国保の保険料は世帯単位で徴収することになっています。世帯とは、簡単にいえば家族単位ということです。夫婦二人家族なら、多くの場合、世帯主は夫ですから、その夫が家族全員分の保険料を支払っていることになり、もし、子どもがいれば同様になります。

次に応能負担と応益負担といった意味を理解する必要があります。応能負担とは、その人の経済的能力等を考慮して、保険料の額を決めるということです。経

**表 2-5　保険料を算定するうえで応能負担と応益負担のおおよその割合目安**

| | | | |
|---|---|---|---|
| 保険料算定の要素 | 応能負担(約 50%) | ①所得割 | 約 40% |
| | | ②資産割 | 約 10% |
| | 応益負担(約 50%) | ③均等割 | 約 35% |
| | | ④世帯別平等割 | 約 15% |

済的能力とは、具体的には、所得(所得割)及び資産(資産割)ということです。一方、応益負担とは、誰もが一定程度決まった保険料額が課され、加入者一人分の負担額(均等割)、もしくは世帯の人数によって負担額(世帯別平等割)を決めるというものです。

なお、応能負担と応益負担は、おおよそ五対五の割合で保険料を算定していきますが、市町村によってその割合が異なります。

つまり、①所得割、②資産割、③均等割、④世帯別平等割、といった部分を保険料算定に、どの程度反映させるかは最終的に市町村が決めることになります(**表2－5**)。しかも、必ずしもこれら四方式を用いなくても、①所得割、②資産割、③均等割といった三方式、①所得割、②均等割といった二方式のみでも構わないことになっています。読者のみなさんが住んでいる市町村国保の保険料算定額がどのようになっているか、一度役所に問い合わせしてみてはどうでしょうか。

参考までに後期高齢者医療制度の保険料算定は、①所得割、②均等割の二方式で全国統一されています。

**保険料の軽減措置**

市町村国保の一人当たりの平均年間保険料は八・三万円ですが、応能負担

**図2-1　市町村国保の保険料算定額図**

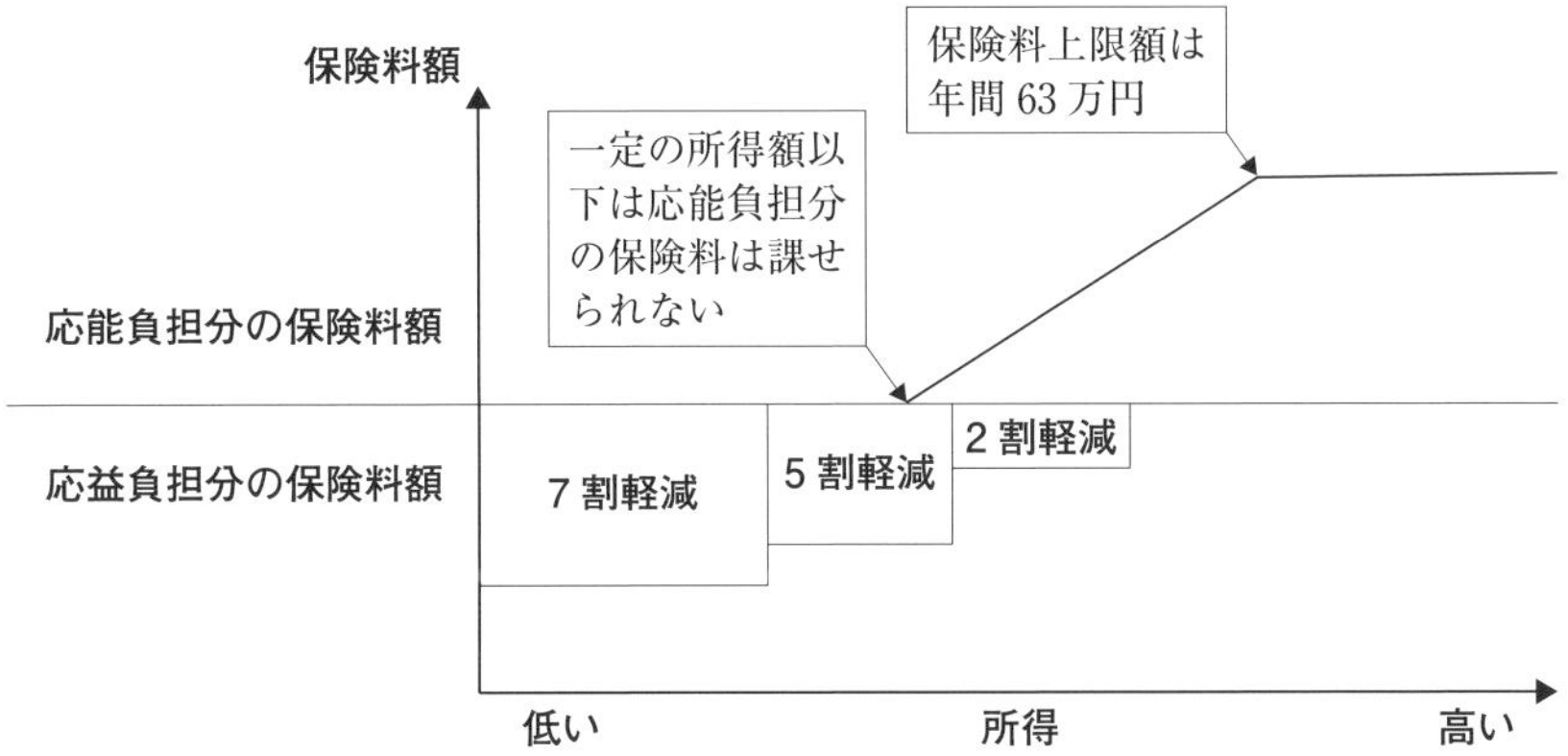


厚労省保険局資料を参考に筆者が作成

（①所得割と②資産割）部分で保険料の調整がなされます。また、一定の所得額が低い層までは応能負担部分の保険料が課されません。

しかも、市町村の判断に応じて応益負担（③均等割と④世帯別平等割）の部分でも二割軽減、五割軽減、七割軽減といった措置がなされます（**図2－1**）。

なお、以前はこの保険料軽減策は、既述の「応能負担と応益負担」の割合でかなりの差が生じている市町村は、実施できませんでしたが、二〇一〇年四月から、その割合に関係なく軽減策を実施できるようになりました。

また、本人の意思でなく失業した人に対しては、保険料の算定における給与所得を、前年の三割程度とすることが可能となり、保険料軽減策の拡充が図られています（従来は、本人の意思でなく失業した人も前年の給与所得で保険料を算定していたため、国保保険料が高くなる傾向にあった）。

なお、市町村国保の年間保険料の上限額は六三万円と決まっています。いくら所得や資産が多くても、それ以上の保険料は課せられません。

## 介護保険料や高齢者支援金も徴収される

市町村国保の保険料は、基本的に医療費の財源を賄《まかな》うために保険料が徴収されるのですが、あわせて介護保険料、後期高齢者医療制度の支援金といった費用も保険料に含まれます。

介護保険制度の保険料は、六五歳以上の人は単独で介護保険料だけが徴収されますが、四〇歳以上六四歳以下は、医療保険料とセットで徴収されます。これは組合健保や協会けんぽにおいても同様です。

また、後期高齢者医療制度の財源は本書の第四章で詳しく触れますが、七四歳以下の医療保険料からの支援金によっても賄われています。ですから市町村国保に加入している七四歳以下の保険料には、後期高齢者医療制度の支援金が反映されているのです。その意味では、市町村国保の保険料は年齢によって異なるといえます(**図2−2**)。

## 六五歳以上は保険料が年金から天引きに

市町村国保に加入している六五歳以上七四歳以下の人々は、原則として、保険料が年金から天引きされます。この年金天引きを特別徴収といいます。しかし、六四歳以下の場合と同様に口座からの引き落としを希望する場合(普通徴収)は、役所へ事務手続きをすることで可能となります。ですから、六五歳になる前に自分の保険料を、どのように納めるかを確認する必要があります。

**図2-2　市町村国保における年齢による保険料算定概略図**

| | | | | | |
|---|---|---|---|---|---|
| 40歳未満 | 医療費にかかる部分 | + | 後期高齢者医療制度の支援金分 | | |
| 40歳以上65歳未満 | 医療費にかかる部分 | + | 後期高齢者医療制度の支援金分 | + | 介護保険料分 |
| 65歳以上75歳未満 | 医療費にかかる部分 | + | 後期高齢者医療制度の支援金分 | | |

厚労省保険局資料を参考に筆者が作成

**図2-3　市町村国保保険料の収納率推移**

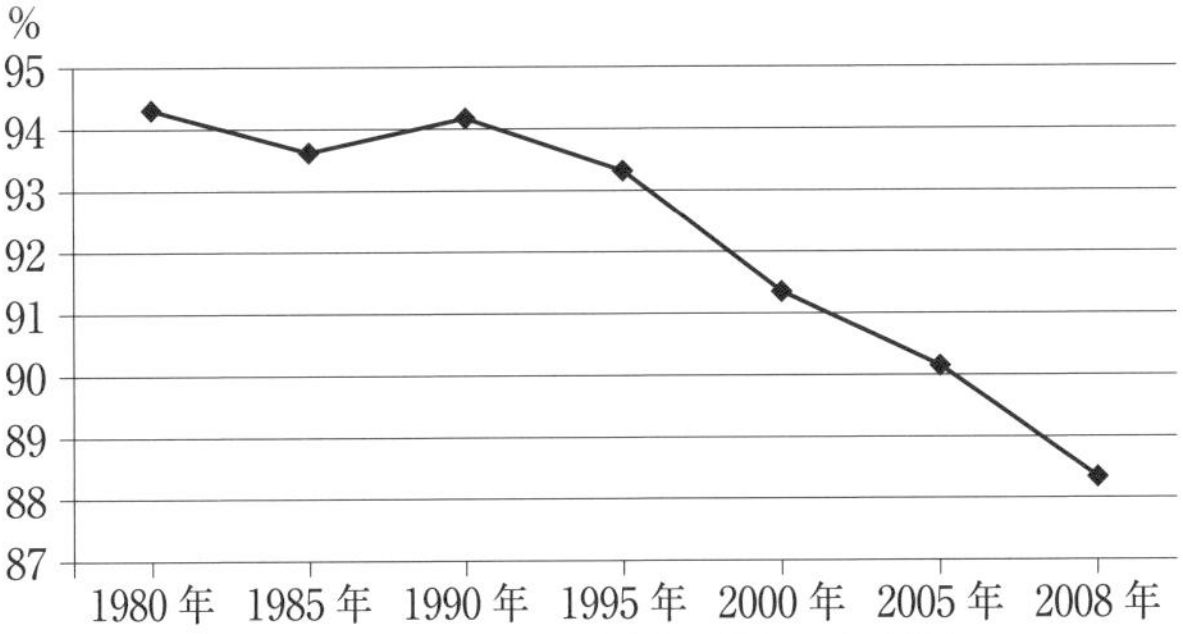


厚労省『平成20年度国民健康保険(市町村)の財政状況について―速報』から作成

## (三)保険料の滞納問題と資格証明書

**保険料の滞納者が増える**

基本的に市町村国保の加入者は、保険料(税)を納めることが義務づけられていますが、年を追うごとに保険料(税)を滞納する人が多くなっています(**図2-3**)。市町村(保険者)にとっては、保険料の滞納者が増えることは、医療保険財源にも大きくマイナスとなります。

特に、二〇〇八年四月からは、後期高齢者医療制度の創設によって、七五歳以上の人が市町村国保からぬけたことで、さらに保険料の滞納問題が深刻となりました。

それまで七五歳以上の人は、保険料納付率がもっとも高いグループだったのですが、そこがぬけたことで、保険料滞納率が高くなってしまったのです。しかも、ここ数年で保険料収納率が低い市町村(保険者)が増える傾向にあります(**表2-6**)。

**資格証明書とは**

保険料を滞納すると、どのようなペナルティーが科せられるのでしょうか。市町村国保は保険制度ですから、一年以上保険料を支払わないと、保険証を役所に返還し、資格証明書(正式には「国民健康保険被保険者資格証明書」)が交付されます。医療機関にかかる時にこれを持参し、窓口で支払う医療費が全額自己負担となります。そして、後日、役所での手続きによって七割分が返金されることになります。

よく、資格証明書が交付されると「無保険」になるといわれますが、正しくは「無保険に近い状態」といった表現が正確でしょう。

もっとも、後日、七割分が返還されるのですが、病院にかかるには、一時的でも相当なお金を用意しておかなければならなくなります。当然、保険料を滞納している場合、経済的に困窮しているわけですから、窓口自己負担分を支払うことができない人が大多数です。二〇〇九年六月時点で、全国で約三一万世帯に資格証明書が交付され、医療機関へのアクセス権が脅かされているのです。

### 短期被保険者証とは

短期被保険者証とは、本来、有効期限が一年間(特別の場合を除く)である被保険者証に代わって、数カ月単位で区切られた有効期限付きの被保険者証です。つまり、保険料の滞納者に対して、定期的に更新させることで、役所の窓口に来る機会を設け、保険料納入を促すのがねらいです。役所は滞納者との接触の機会を増やし、継続的な納付相談・指導を実施するのです。しかも、特別な事情なく一年以上保険料を滞納すると、いずれ資格証明書が発行されてしまいます(自治体によって発行しない場合もある)。

確かに、経済的問題を抱えていない悪質な滞納者であれば、こうすることによって多少の効果は期待できるでしょう。しかし、どうしても保険料が支払えない人たちに、短期被保険者証を交付しても、いずれ資格証明書の交付につながる場合が多いのです。なお、短期被保険者証は、前年度までの国民健康保険料(税)が、原則として、すべて完納とならない限り、通常の被保険者証へ切り替えることはできません。

**表2-6　市町村国保における収納率が低い保険者数**

| | 2006年 | 2008年 |
|---|---|---|
| 保険料収納率が85%未満の保険者数 | 36(2.0%) | 95(5.3%) |
| 保険料収納率が85%から90%未満の保険者数 | 248(13.6%) | 396(22.1%) |

厚労省『平成20年度国民健康保険(市町村)の財政状況について－速報』から作成

### 苦しい非常勤職員に聞く

二〇一〇年四月三日、私は、市町村国保に加入している三〇歳(独身男性)の非常勤職員に話を聞きました。その方は、年収二三〇万円(手取り二一五万円)で社会保険のない職場で仕事をしているとのことで、毎月の諸々の支払い全体からすると、市町村国保の保険料が高いと感じていました。

毎月の市町村国保の保険料が一万一〇〇〇円だそうです。しかも、国民年金（基礎年金）の保険料も、毎月一万五〇〇〇円弱徴収され、わずかな年収から両方の保険料だけでも毎月二万六〇〇〇円の出費は苦しいということでした。

この他にも、最低限の支出として、家賃やガス・水道・光熱費や住民税などで月に八万円ほど支払わなければならないため、経済的に苦しいと話してくれました。

## （四）無保険の子が発生

### 「無保険の子」が報道される

二〇〇八年六月八日付の『毎日新聞』で、市町村国保における「無保険の子」についての記事が掲載されました。記事は、大阪府で二人の子を育てる母親（母子家庭）が経済的に困窮し、光熱水費の支払いを優先して月約一万円の国民健康保険（国保）の保険料を滞納し、子どもまでが「無保険」となったというものです。その後、毎日新聞は「無保険の子」についての取材を続けていきました。

そして、厚労省も全国調査を開始し、二〇〇八年一〇月三〇日には『資格証明書の発行に関する調査の結果等について』を発表しました。それによると、資格証明書交付世帯における子ども（中学生以下）の数が三万二九〇三人であることが明らかとなったのです。その内訳は、乳幼児五五二二人、小学生一万六三二七人、中学生一万一〇五四人でした。しかも、国民健康保険料の滞納世帯数が約三八四万世帯となっており、当時、資格証明書交付世帯は約三三万世帯となっていました。

この調査結果に基づいて、厚労省は、資格証明書交付世帯であっても、子どもが医療を受ける必要が生じた場合、一時払いが困難なケースに関しては、短期被保険者証を交付するよう各自治体へ促すことになりました。

そして、この問題では中学生以下の子どもを一律に救済する改正国保法が、二〇〇八年一二月一九日の参議院本会議で可決・成立し、二〇〇九年四月から、保険料を滞納している世帯でも、子どもには保険証を無条件で交付されることになったのです。

しかし、この法改正で救済された子どもは中学生以下ですから、高校生は対象外となっています。厚労省の調査によれば、二〇〇九年九月時点で一万人弱の高校生のいる世帯に資格証明書が交付されているといわれていました[2)]。そのため、遅ればせながら、今回、これら高校生も救済できる措置がようやく講じられたのです。

**社会保険の罠**

国民健康保険制度は世帯単位で取り扱われているため、資格証明書が交付された世帯に子ども（児童福祉法では高校生まで）がいたとしても、当然、医療サービスが受けられなくなっていました。社会保険制度である以上、保険料を支払うという義務を果たさなければ、医療サービスを享受できないのです。それは制度上、子どもであっても同じことだったのです[3)]。そうであれば生活保護を受給させれば考えられますが、世帯主が病気もしくは高齢者・障害者でないと、なかなか生活保護の受給には結びつかないのが実情です。

## (五)国保における医療サービス

### 窓口自己負担と高額療養費

国民健康保険制度の加入者は、原則として、医療サービスを受けると窓口での自己負担率は三割になっています(差額ベッド代や食費等は除く)。これは他の医療保険制度と同様です。以前は、組合健保などの窓口自己負担率が市町村国保に比べ軽減されていましたが、現在では統一されています。ただし、国の基準では、就学前の子どもには二割負担となっていますが、市町村によっては独自財源によって、小学生もしくは中学生までの窓口自己負担を無料にしているケースも見られます。

また、病院の窓口で支払った医療費の自己負担部分が、一カ月以内に限度額を超えると(月の一日から末日まで)、その超えた額が国民健康保険制度(市町村)から高額療養費として戻ってくるシステムになっています。しかも、入院に関する医療費は、「限度額適用認定証」等を病院へ提示すれば、この限度額だけ支払えばよいのです(差額ベッド代や食費等は除く)。

なお、この限度額は年齢や課税世帯か非課税世帯か、などで異なり、八〇〇〇円から一五万円弱となっていますので、自分の経済状況と年齢を踏まえたうえで、役所の窓口に問い合わせてみてはどうでしょうか。

## 埋葬費と傷病手当

医療保険制度では、医療サービスのほかに埋葬費、傷病手当といった給付があります。医療サービスは「療養の給付」で、現物給付と位置づけられます。一方、埋葬費、傷病手当は、現金給付というサービス形態になります。

市町村国保に限らず、保険加入者が死亡すると、葬祭を行った人に対して埋葬費として医療保険制度から現金給付がなされます。これは法的には任意規定ですが、通常は給付されることが一般的となっています。市町村国保では、自治体によって給付する額が異なります。なお、組合健保などの医療保険制度では五万円前後が相場となっています。

一方、傷病手当とは、病気や怪我によって仕事ができなくなった際に収入がなくなるため、一定期間の経済保障をする仕組みです(賃金の三分の二程度)。しかし、市町村国保では、傷病手当の仕組みはありません。国保組合でも、一部の保険者でしか設けられていません。その意味では、国民健康保険制度は、他の医療保険制度と比べ、サービス面で不利といえるかもしれません。

また、現金給付としては、出産に伴う費用が「出産育児一時金(四二万円)」として一律に支給されます。現在は、これらを保険者が直接医療機関等に支払うことになりますが、金額などは他の医療保険制度と変わりありません。

**健診事業について**

市町村国保では、加入者に対して(四〇〜七四歳を対象)、「特定健診・特定保健指導」という事業を実施しなければなりません[4]。通常は、「メタボ健診」などといわれています。国保を含む全ての医療保険者は、この「特定健診・特定保健指導」を実施することになっています。

対象はあくまでも市町村国保の加入者ですので、同じ市町村住民でも、勤め人やその家族は、組合健保などの医療保険制度に加入していれば対象外となります。

なお、七五歳以上の人たちは、後期高齢者医療制度に加入することになりますので、市町村国保の対象からは外れます。従来は、このような健診事業は市町村が実施していましたが、二〇〇八年四月から医療保険者が、その加入者を対象に行うことになったため、健診事業の仕組みが大きく変わったのです。年齢や職種(加入している医療保険制度)によって健診事業の行う部門が違うので、それらをよく踏まえる必要があります。

1　厚労省保険局『第二回高齢者医療制度改革会議』二〇一〇年一月一二日。

2　厚労省「資格証明書世帯に属する中学生以下の子どもに対する短期被保険者証の交付状況及び資格証明書世帯に属する高校生等の人数に関する調査(平成二一年九月時点)の結果について」二〇〇九年一二月一六日。

3　結城康博「無保険となりかねない児童への課題――国民健康保険制度の資格証明書における分析」『地方財務』二〇〇八年一二月号、ぎょうせい、二〇〇八年。

4　結城康博『入門 特定健診・保健指導』ぎょうせい、二〇〇七年。

# 第三章　国民健康保険制度の役割変容

## (一)加入者に占める無職者層

### 増える無職者

組合健保や協会けんぽが、勤め人やその家族を対象としているため、市町村国保の役割・機能は、農業者や自営業者などをカバーするためのものと社会では認識されていました。確かに、かつての日本社会では、このような認識で間違いはなかったのですが、現在は、少し事情が違います(**図3－1**)。この約二〇年間で、市町村国保の役割は、無職者層における医療保障のシステムともなっています。

平成になって間もなくバブル経済が崩壊し、リストラされる人や就職できない若者が増え、正規職員として働くことができない人が多くなりました。また、近年では派遣社員の増加によって不況になると「派遣切り」が行われるなど、さらに雇用情勢は不安定化しています。

本来、正規職員であれば自動的に医療保険制度に加入でき、保険料負担も会社との折半で、いわば正規職員になることで医療保障も担保されていたのが、日本型社会保障制度だったのかもしれません。特に、終身雇用が一般的であった時代が長く続いたため、企業と政府・自治体が一体となって医療保障を担っていました。ですから農業者や自営業者といった職種層をカバーすれば、国民皆保険制度が達成されたのです。それが国民健康保険制度であり、市町村が主体となって医療を保障するシステムだったのです。

**図 3-1　市町村国保の世帯主における職業別割合**

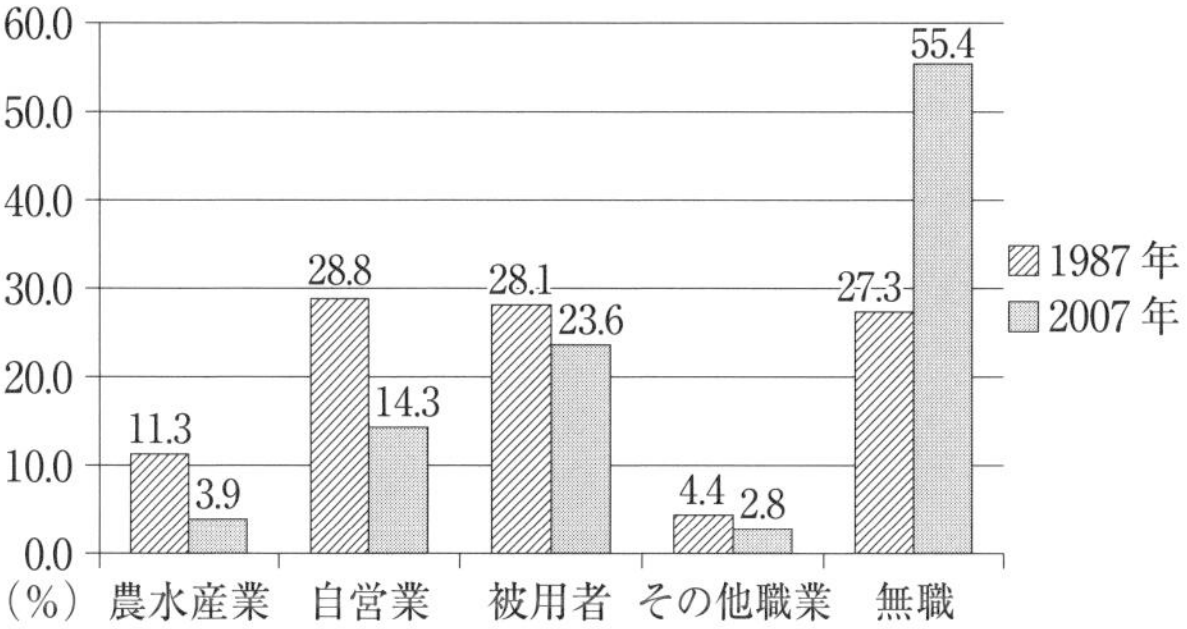


厚労省保険局『平成 19 年度国民健康保険実態調査報告』から作成

**表 3-1　2007 年市町村国保における保険料軽減世帯割合とその内訳**

| 総数 | 農水産業 | 自営業 | 被用者 | その他職業 | 無職 |
|---|---|---|---|---|---|
| 44.1% | 1.7% | 3.2% | 6.4% | 0.8% | 32.1% |

厚労省保険局『平成 19 年度国民健康保険実態調査報告』から作成

### 保険料軽減世帯の増加

しかし正規職員でない場合、医療保障を担保するには国民健康保険制度に加入するしかなくなります。加えて、勤め人時代と比べて個人が支払う保険料が、既述のように高額になります。会社を退職して所得が減少したにもかかわらず、保険料が高くなってしまうのです。

**表3-1**からもわかるように、市町村国保の約四四%が保険料軽減世帯となっています。しかも、そのうち三二%が無職の人たちです。これは退職した高齢者層が多く加入したことも考えられますが、全体として経済的に余裕のない層の加入が増えてい

ないのかもしれません。ることが窺えます。その意味では、保険料を滞納する人も多くなってしまうことは、いたしかた

## (二)増える続ける保険給付費

**図3－2**からもわかるように、市町村国保における一人当たりの保険給付費は伸び続けています。当然、保険給付費が増えれば保険料も高くなっていきます。二〇〇八年度の国民医療費は約三四・一兆円です。そのうち約三分の一は後期高齢者医療制度が占めていますが(一一・四兆円)、国保全体でも約八兆円という高い数値となっています。勤め人などが加入している医療保険全体で約九・八兆円ですから、いかに国保の医療費が高いかが理解できます(**図3－3**)。

なお、七〇歳を境にした医療費の推移をみると、七〇歳未満の医療費は一七兆円台でここ数年推移しているのに対し、七〇歳以上では年々増えていることが理解できます(**図3－4**)。ただし、これらを一人あたりの医療費でみると七五万円台で推移しています(**図3－5**)。つまり、高齢化の進展によって七〇歳以上の人口が増え続けているため、結果としてこの年齢層の医療費が増え続けていると考えられます。

市町村国保は、高齢の加入者が増える傾向にあり、その結果、医療費が増え、保険財政が厳しい状況となっています。しかも、無職者層の加入者も増え続け、保険料を支払う層の中にも軽減措置を講じなければならない人たちがいるため、充分な保険料収入も期待できないのが現状です。

**図 3-2　市町村国保における 1 人あたりの保険給付費の推移**

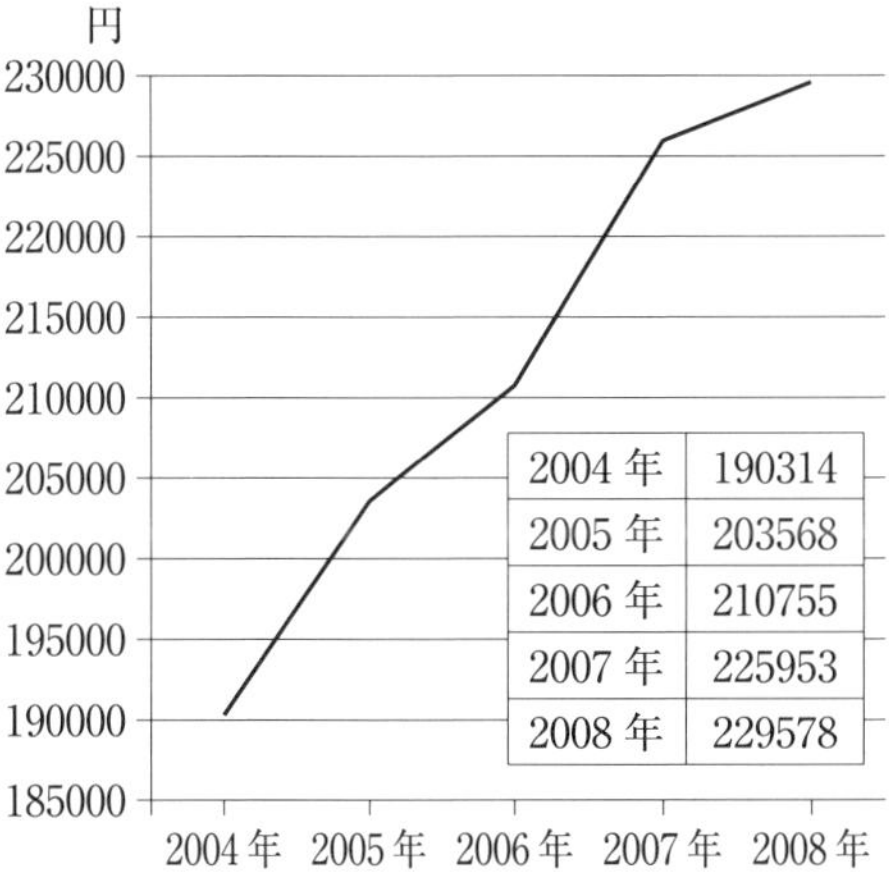


| | |
|---|---|
| 2004 年 | 190314 |
| 2005 年 | 203568 |
| 2006 年 | 210755 |
| 2007 年 | 225953 |
| 2008 年 | 229578 |

厚労省『平成 20 年度国民健康保険(市町村)の財政状況について－速報』から作成

※保険給付費とは「療養給付費」「療養費」

**図 3-3　2008 年度保険者別の医療費**

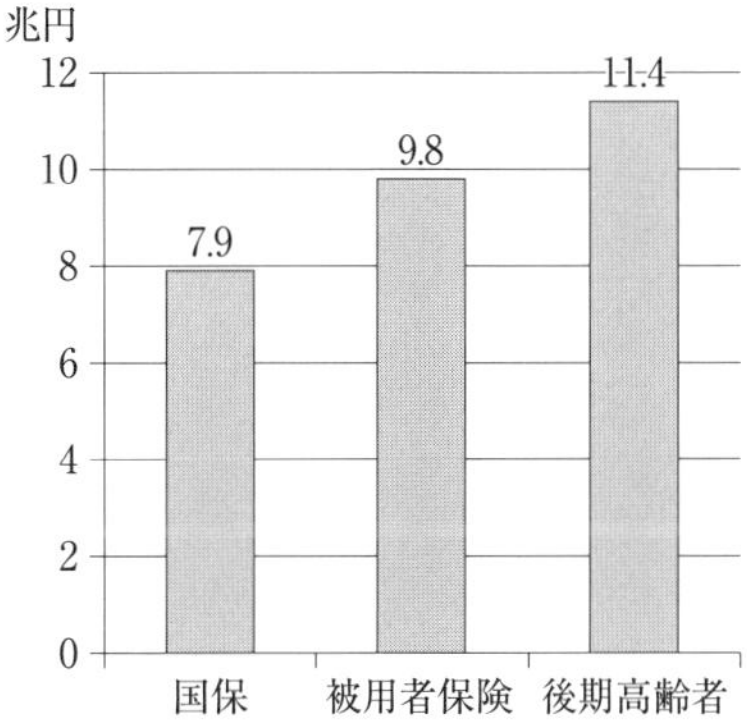


厚労省『平成 20 年度医療費の動向』から作成

※被用者保険とは組合健保，協会けんぽ，共済組合など

**図 3-4　70 歳を境にした医療費の推移**

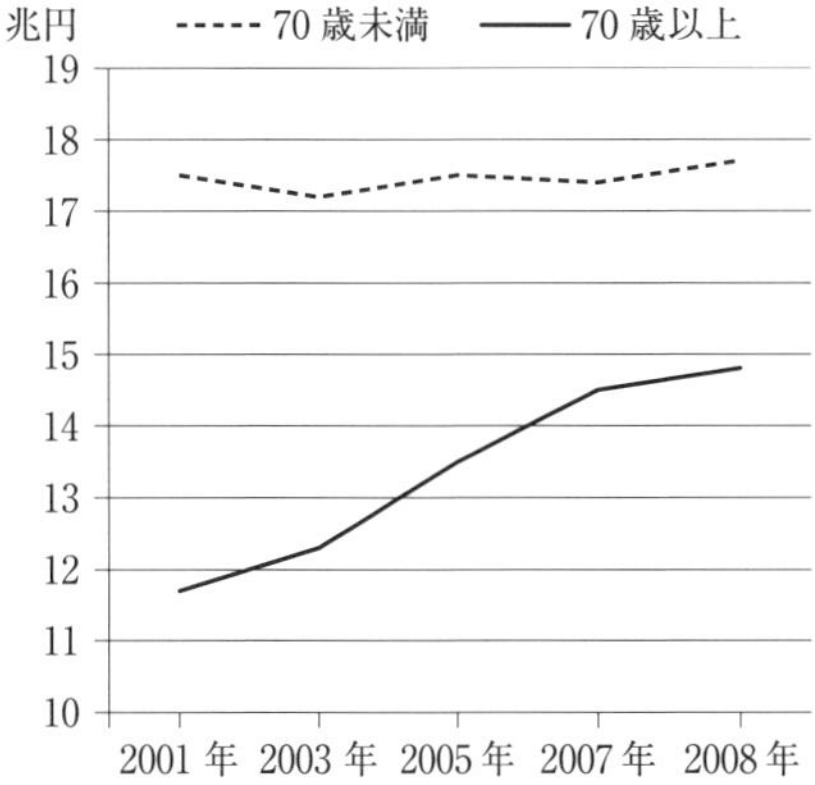


**図 3-5　70 歳を境にした 1 人当たりの医療費の推移**

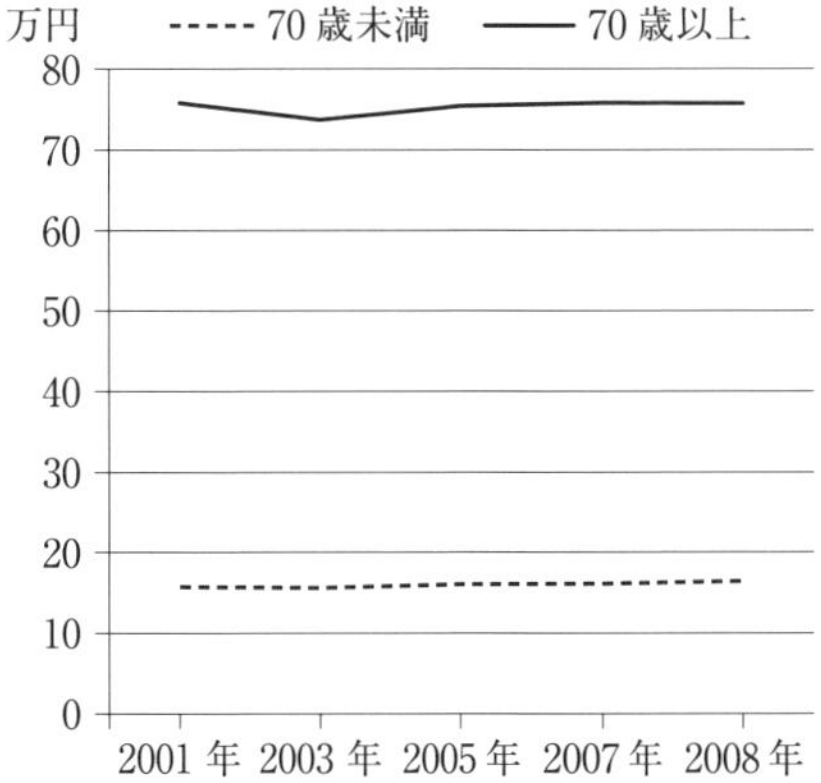


図 3-4，5 とも厚労省『平成 20 年度医療費の動向』から作成

## 市町村国保財政の仕組み

既述のように市町村国保の保険財政は、保険料収入だけではなく公費によっても運営されています。この公費は法定外によるものと、法定内によるものに分かれています。法定外によるものは、市町村が独自に保険料の高騰を抑えるために負担しているものです。ですから、市町村によってその負担額が違います。

一方、法定内によるものは、調整交付金、定率国庫負担金、都道府県調整交付金などがあります。このうち、調整交付金、定率国庫負担金は、国による財政措置となっています。

## 調整交付金の減額

調整交付金約六七〇〇億円は普通調整交付金と特別調整交付金に分かれ、前者が約八割を占めます。普通調整交付金は、市町村の財政力に応じて国から交付されるものです。一方、特別調整交付金は、その市町村で災害などが生じた際に特別に交付されるものです。

しかし、普通調整交付金においては、保険料滞納率が高い市町村に対しては、その交付金を、滞納率や市町村人口規模によって減額する仕組みとなっています(五～一〇%)。また、既述のように国の基準では義務教育就学前までは、窓口自己負担率が二割ですが、多くの自治体では小学生もしくは中学生までを、無料にするといった市町村独自の子育て支援策を講じているケースが多くなっています(都道府県の交付金にも関連することがある)。

つまり、「保険料滞納率が高い市町村は、その徴収努力を怠っている」、「乳幼児などの子育て支援策を充実し、窓口自己負担が無料になるといったことで医療給付費を増やしている」といった考えから、国などの交付金が、一部減額される仕組みとなっています。

市町村国保財政全体における普通調整交付金の割合は約七％ですから、減額されると、この割合が低くなります。なお、この減額は二〇〇二～二〇〇六年の五年間で、九五一市町村に対して年間平均二八七・八億円となっています。[1)]

**赤字の市町村が多い**

二〇〇八年度の市町村国保の保険者数は一七八八です。そのうち赤字となっているのが、八一二保険者あり、四五・四％を占めています。赤字額は単年度収支差で約一〇二四億円となっています。二〇〇七年度の赤字保険者は七一・一％を占め、その赤字額は一六一六億円にものぼっていましたので、いくぶん改善されたようにみえます。

この改善は、後期高齢者医療制度が創設されたことが一つの要因として考えられます。しかし、いまだに四割以上もの保険者が赤字体質であることから、市町村国保の現在の厳しい財政事情が窺えます。

## (三)市町村国保担当者に聞く

二〇〇九年一二月二八日、筆者はある自治体(市)を訪ね、国民健康保険課長に話を聞くことができました。取材した自治体は保険料徴収率がかなり低く、日々、その向上に努めているという背景があったためです。

### 二割程度は悪質な保険料滞納者

その課長によると、「保険料を滞納している人が増えているが、その二割程度は悪質な滞納者なのではないか」という話でした。

そのような悪質な滞納者は、「病気になっても全額自費で支払うから、国民健康保険制度には加入しない。自分で自分の健康管理はする。役所からいわれる筋合いはない」と、保険料徴収担当者にいい返すそうです。ですから「医療保険制度は支えあいの仕組みなので、保険料を支払ってください」といった言葉は通じないようです。このような悪質滞納者に対しては、預金や不動産の差し押さえも実施するとのことでした。

### 保険料の徴収率を上げる

ただし、滞納者の中には、「役所に行くのが面倒だから」「今月は、持ち合わせがないから」「口座振替の手続きが面倒だから」といった理由もあるらしく、コンビニで保険料を支払える仕組みを導入したり、できるだけ容易に保険料を納められるように工夫しています。

また、市で何人か非常勤の保険料徴収担当者を雇用し、滞納者の自宅まで訪問しているのだそうですが、日中は留守が多く、もしくは明らかに居留守らしいこともよくあるようです。特に、外国人に対する徴収は、言葉の問題も含めて困難をきたしているようで、都市部の徴収担当者が頭を抱えているとのことでした。

保険料徴収の時効について聞くと、保険料として徴収する場合は、時効が二年で、保険税として徴収している場合は五年だということでした。

なお、二〇〇八年四月からの後期高齢者医療制度の創設によって、従来、七五歳以上の人はきちんと保険料を納める割合が高かったのですが、この年齢層がぬけたことで、さらに滞納率が上がってしまったようです。これによって、国も普通調整交付金の減額規定を、若干、緩和したとのことでした。

## 資格証明書の発行について

取材したこの自治体では資格証明書を、悪質な者を除いて基本的に交付しておらず、短期被保険者証で対処しているようです。保険料滞納者には、悪質でない限り短期被保険者証を交付して役所と関わる機会を増やし、わずかでも保険料を支払ってもらえるよう働きかけています。

基本的に、もっとも軽減策が適用される世帯は、毎月保険料が一二〇〇円程度だそうです。確かに、話を聞いてみると、毎月一二〇〇円が支払えない世帯もあり、そのような人には生活保護課へ行くことを促すように対応しているようです。この自治体では、生活保護の受給においても柔軟に応じるようにしているとのことでした。

ただ、滞納者の中には他の出費に回してしまい、どうしても月一二〇〇円を支払わない人もいます。確かに、経済的に厳しい家庭が多いのは理解しているけれど、せめて月一二〇〇円程度は支払っていただきたい、と話していました。

なお、保険料滞納率が高いため普通調整交付金が減額されており、その額は約一億円程度でした。担当課長としても保険料徴収率を上げたいと考えているようですが、資格証明書を発行すれば、医療サービスの機会を減退させることにもつながり、悩ましいということでした。しかも、悪質な滞納者は、資格証明書を交付しても、自費で対応するため、一部の人には効果がないというのです。

## (四)国保組合は黒字体質

### 国保組合にも公費が投入されている

既述のように国民健康保険制度は市町村国保のほかに国保組合といって、医師や建設業などといった職種ごとに組合を作って医療保険制度を運営しています。国保組合全体では財政的には黒字の保険者が多く、保険給付に対する積立金比率が一部には約四〇%になっているとの調査報告がなされました。[2)]

市町村国保の財政赤字が深刻でありながら、もう一つの国保組合の財政状況が黒字化している点は不公正といえるでしょう。しかも、国保組合にも市町村国保と同等に、保険給付全体に対して多額の公費が投入されています。黒字の保険者が多いなか、国による税金の投入が必要かという議論も生じています。

しかも、国保組合の保険者の中には、窓口自己負担がかなり軽減されるケースも見られます。入院や入院外で自己負担がないといった保険者も存在します。基本的に医療保険の窓口での自己負担は三割ですが、国保組合の一部の保険者は、それよりもかなり軽減されているのです。

国による税金が投入され財政が黒字となっているため、窓口自己負担も軽減されていることは、組合員にとってはありがたいことかもしれませんが、他の医療保険制度を考えた場合、疑問を抱く人も多いでしょう。特に、市町村国保の財政状況が厳しい中、同じ国保でありながら、一部の職種に関しては組合が作られ、独自に医療保険制度を運営していることは、不公正といえるかもしれません。

## 国民健康保険制度の一元化

本来は、勤め人以外であれば、すべての人々が市町村国保に一元化され、同じ医療保険制度に加入するほうが、わかりやすい制度といえるかもしれません。特に、国保組合の加入者は収入が比較的安定している職種が多いため、市町村国保に一元化されれば、その保険料収入も増えると予想されます。

しかし国保組合は、医師や建設業などといった限られた職種集団による組合であり、市町村国保の一元化を避けるため、これらの団体が与野党を問わず政治的な働きをしてきた可能性もありえます。[3] ある意味では、選挙対策などで組合が協力することで、結果的に補助金の額が維持されてきたとも考えられます。

民主党は二〇〇九年マニフェストで、地域保険を核とした医療保険の一元化を掲げていますので、筆者としては、国民健康保険制度の一元化から始めることが重要と考えます。

1　国民健康保険中央会『国保新聞』二〇〇七年一二月一〇日付。
2　厚労省保険局国民健康保険課『国民健康保険組合に対する国庫補助割合等について』二〇一〇年一月六日。
3　「国保組合の厚遇「聖域」」『朝日新聞』二〇一〇年一月八日付。

# 第四章　後期高齢者医療制度と市町村国保の関係

## （一）後期高齢者医療制度とは

### 後期高齢者医療制度創設の背景

二〇〇六年六月二一日、第一六四回通常国会で医療制度改革関連法案（いわゆる〇六年医療制度改革法）が可決・成立しました。この医療制度改革関連法の中に「高齢者の医療の確保に関する法律」（高齢者医療確保法）があり、それまでの「老人保健法」を全面的に改正し、後期高齢者医療制度が創設されたのです。[1)]

そもそも後期高齢者医療制度の発足以前は、旧老人保健法を根拠とする「老人保健制度」の枠組みで、七五歳以上を対象に医療保険制度が運営されていました。この旧制度の財源は、窓口自己負担分を除いて、公費五割、各医療保険者の拠出金五割となっていました。しかし、各医療保険に加入している現役世代の保険料の一部が、曖昧な形で老人保健制度の拠出金になっていたことで、保険者機能（保険者が財政運営を適正に行うこと）が疑問視されていました。

しかも、勤め人を除く七五歳以上の大多数の高齢者が市町村国保に加入していました（「老人保健制度」といっても、実際は市町村国保に七五歳以上の高齢者が加入していることになる）。いわば市町村国保は、年金暮らしの高齢者が最後に加入する医療保険制度といっても過言ではなかったのです。そのため、市町村国保の財政運営は厳しく、その一つとして後期高齢者医療制度が創設されました。つまり、七五歳以上の人々を別立ての制度にして、公費や現役世代で支える仕組みとしたのです。

**後期高齢者医療制度の仕組み**

繰り返しますが、後期高齢者医療制度では、原則七五歳以上の全ての人が加入します。つまり、それまで市町村国保や組合健保などに加入していた人も、そこから外れることになります。また、六五歳以上で一定の障害があって、広域連合(保険者)の認定を受けた人は、その認定日から加入することになります。ただし、生活保護受給者は、後期高齢者医療制度の適用除外者となります。基本的に患者の窓口自己負担は、医療機関でかかった費用の一割です。ただし、現役並みか、もしくはそれ以上の所得者の場合は三割負担となります。

後期高齢者医療制度は、市町村国保が世帯(家族)単位で加入するのに対し、七五歳以上の高齢者一人ひとりが加入し、一人ひとりに保険料が課せられます。ですから、七五歳になると後期高齢者医療制度に引っ越しすることになるのです。この場合、子どもなどの扶養に入れなくなり、新たに個人で保険料を支払うことになります(保険料は軽減策が設けられる)。

なお、後期高齢者医療制度の保険者は、都道府県単位の後期高齢者医療広域連合(広域連合)です。広域連合とは、一九九四(平成六)年の地方自治法改正により規定された特別地方公共団体で

**図 4-1　後期高齢者医療制度の概略図**

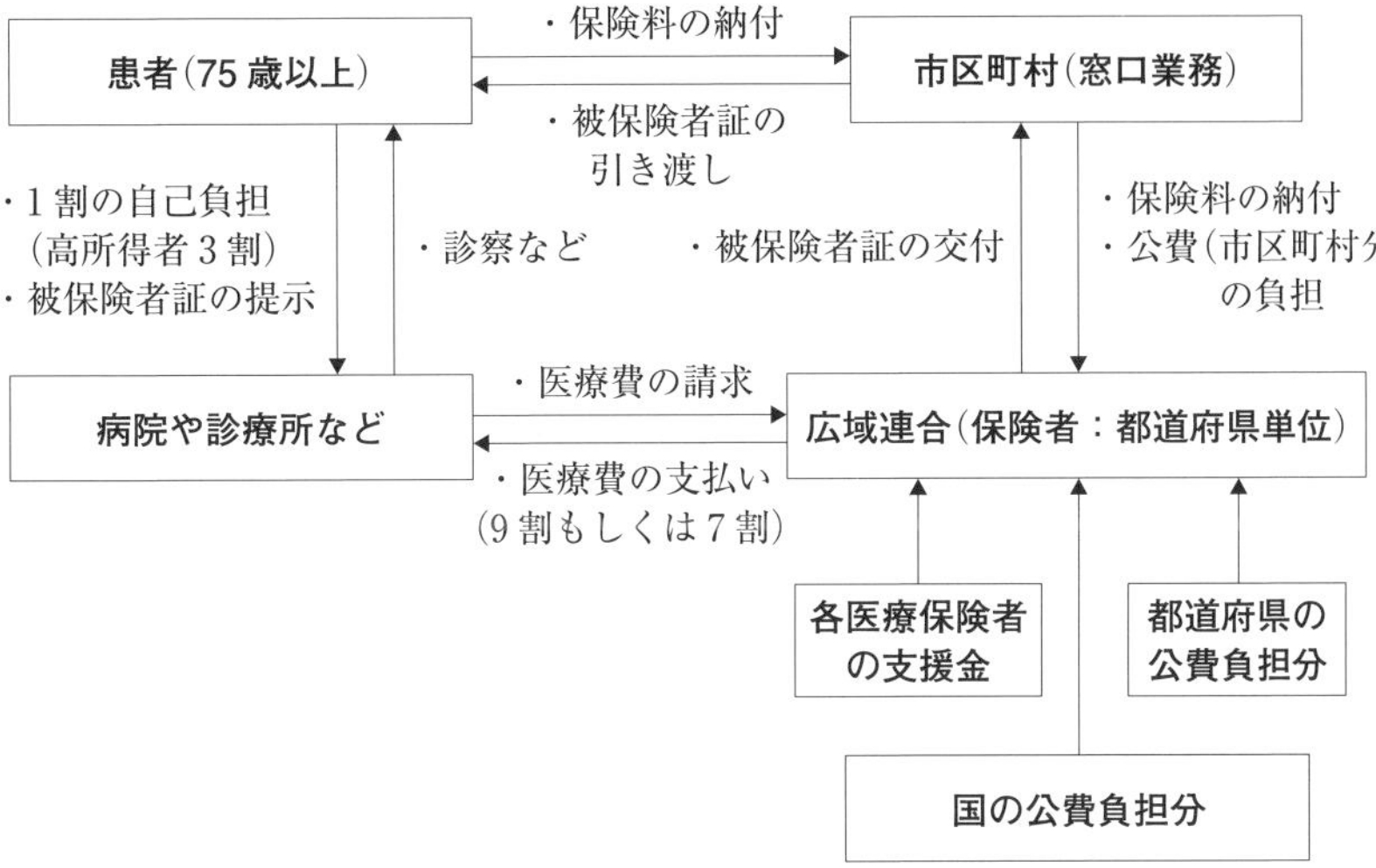


**図 4-2　後期高齢者医療制度の財源構成**

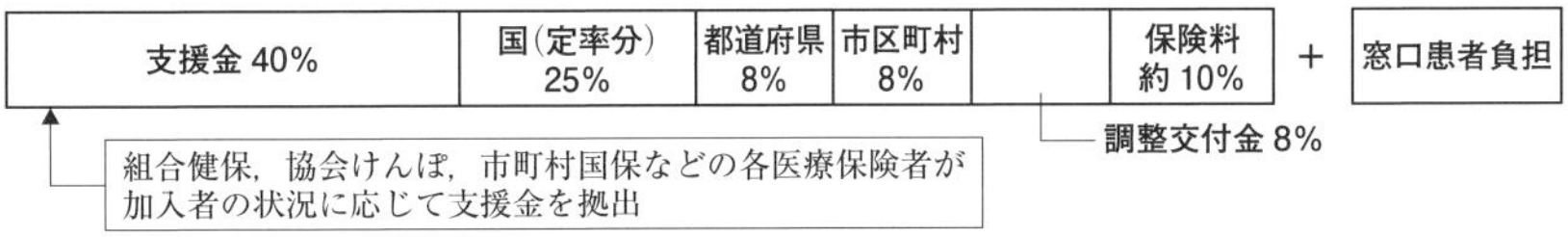


厚労省保険局『第 4 回高齢者医療制度改革会議』2010 年 3 月 8 日から作成

あり、行政区を超えて都道府県間、市町村間、特別区などで設置することができます（**図4−1**）。

**増える保険料**

後期高齢者医療制度の財源構成は、窓口自己負担分を除いて計算すれば、公費負担割合は約五割で、その内訳は（国：都道府県：市区町村＝四：一：一）です。また、七五歳未満の支援金を財源とした分が約四割分となっています。そして残り一割分が七五歳以上から徴収する保険料となります（**図4−2**）。

ただし、保険料の算定方法

は、市町村国保が四つの要素を組み合わせるのに対し、後期高齢者医療制度は均等割と所得割の二つの算定方式を用いる点で異なります(**図4-3**)。

さらに後期高齢者医療制度の保険料は、「二〇〇八年度と二〇〇九年度」「二〇一〇年度と二〇一一年度」「二〇一二年度と二〇一三年度」といったように、二年単位で算定する仕組みになっています。「二〇一〇年度と二〇一一年度」の保険料は、少し引き上げられています。具体的な全国平均の年間保険料額は、**表4-1**のとおりです。

なお、保険料格差では、加入者一人当たりの保険料額が最も高いのは東京都の八万八四三九円で、最も低いのは秋田県三万八一一〇円となっており、二倍以上の格差があるものの、市町村国保の四・八倍に比べれば低い値となっています。

現在、後期高齢者医療制度では、仮に保険料を支払わず滞納していたとしても、資格証明書を交付しないという政府の方針が打ち出され、無保険になる人が生じないようになっています。

また、後期高齢者医療制度の保険料は、当初は年金から天引きされることになっていました。しかし、世論の強い反発の結果、加入者が口座振替などを選択することも可能になっています。制度発足後、度重なる保険料の減免策も講じられ、現在でもこれらは存続しています。

## (二)前期高齢者医療制度と市町村国保

### 財政不均衡の是正

**図4-3　市町村国保と後期高齢者医療制度における保険料算定要素の違い**

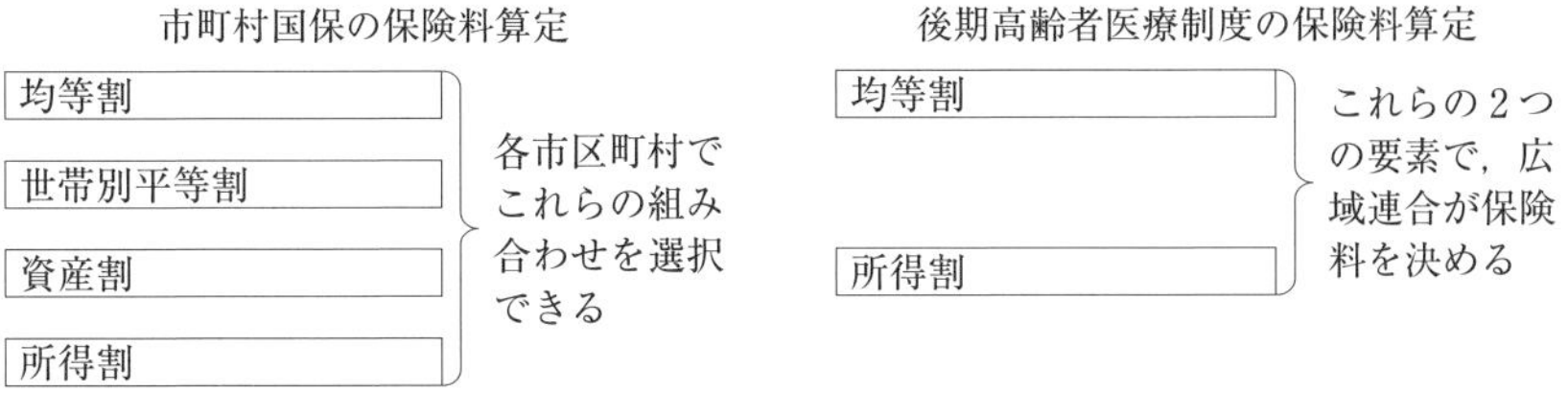


**表4-1　後期高齢者医療制度の保険料**

| | 2008〜2009年 | 2010〜2011年 |
|---|---|---|
| 基礎年金受給者(年間79万円) | 4150円 | 4170円 |
| 平均的な厚生年金受給者(年間201万円) | 51600円 | 52300円 |
| 加入者一人当たりの保険額(年間) | 62000円 | 63300円 |

厚労省「後期高齢者医療制度における平成22年度及び23年度の保険料率等について」2010年3月31日から作成

後期高齢者医療制度の発足と同時に、六五歳以上七五歳未満の前期高齢者を対象にした「前期高齢者医療制度」という仕組みが、二〇〇八年四月からスタートしています。ただし、この制度は、簡単にいえば旧来の各医療保険者間による財政負担が不均衡になっていたのを、各医療保険者の加入者数に応じて調整する仕組みにかえたものです。ですから、特別に医療保険制度が設けられているわけではありません。

たとえば、二〇一〇年度の前期高齢者の窓口自己負担を除く医療給付費は、約五・三兆円が見込まれていますが、高齢者の加入者が多い国保がその大部分を占めています(**表4-2**)。この約五・三兆円を各医療保険者の七五歳未満の加入者数に応じて負担するため、市町村国保の負担はかなり軽減されることになりました(**表4-3**)。

## 組合健保の解散

二〇〇八年八月に西濃運輸健保組合が、九月には京樽健保組合が解散し、これらの社員は協会けんぽに移行しました。[2] 両組合健保は、前期高齢者医療制度等における財政調整の負担が増したことで保険料率を引き上げなければならず、組合健保として存続するよりも、組織を解散して社員が協会けんぽに加入したほうが効率的であると判断されたためです。

ここ数年、組合健保の組合（保険者）数は減少傾向にあり、一九九二年の一八二七組合数をピークに、解散するケースが多く見受けられます（**表4－4**）。

基本的に組合健保は、ほぼ公費を用いずに組合員（加入者）による保険料で医療保険制度を賄っているのですが、現役世代層が多いという背景から、後期高齢者医療制度及び前期高齢者医療制度（両者をまとめて「高齢者医療制度」ともいう）への支援金（納付金）の額が増えることになりました。しかも、これら高齢者医療制度が創設されて、組合健保の支援金（納付金）が年間四〇〇〇億円以上も膨れ上がり、経常収支で大幅な赤字となったのです。その結果、組合健保全体に占める保険料収入額の四割以上が、高齢者医療制度の支援金（納付金）に用いられているのです。[3]

組合健保の全国組織である健康保険組合連合（健保連）としては、現行のままでは財政運営が厳しく、抜本的な高齢者医療制度の変革を求めています。いわば市町村国保の問題は、組合健保とも大きく関連しているのです。

## （三）廃止だったはずの後期高齢者医療制度

### しばらく続く後期高齢者医療制度

民主党は二〇〇九年の総選挙のマニフェストに後期高齢者医療制度の廃止を掲げていました。

しかし、政権発足後、早急な廃止は難しいとして、二〇一三年四月の新高齢者医療制度の発足にむけて、厚労省『高齢者医療制度改革会議』で定期的に議論しています。予定通りに議論が進めば、二〇一〇年末に同会議の取りまとめが行われ、二〇一一年の通常国会に法案が提出され可決・成立後、二年間の準備を経て新制度が発足することになっ

**表 4-2　2010 年度各医療保険者の前期高齢者における医療給付費見込み（窓口自己負担除く）**

兆円

| 計 | 国保 | 協会けんぽ | 健保組合 | 共済組合 |
|---|---|---|---|---|
| 5.3 | 4.3 | 0.6 | 0.3 | 0.1 |

厚労省保険局『第 4 回高齢者医療制度改革会議』2010 年 3 月 8 日から作成

**表 4-3　2010 年度財政調整後の前期高齢者医療給付費（窓口自己負担除く）の負担割合**

兆円

| 計 | 国保 | 協会けんぽ | 健保組合 | 共済組合 |
|---|---|---|---|---|
| 5.3 | 2.0（3900 万人） | 1.6（3500 万人） | 1.3（3000 万人） | 0.4（900 万人） |

厚労省保険局『第 4 回高齢者医療制度改革会議』2010 年 3 月 8 日から作成

**表 4-4　健康保険組合数の推移**

| 2006 年 | 2007 年 | 2008 年 | 2009 年 |
|---|---|---|---|
| 1541 | 1518 | 1497 | 1484 |

健保連「平成 21 年度健康保険組合全国大会資料」2009 年 11 月 19 日から作成

ています。

ですから、少なくとも二年弱は、後期高齢者医療制度が存続します。後期高齢者医療制度の廃止を先送りしたとの批判は免れないでしょう。[4)]

### 七五歳以上の高齢者と現役世代の負担

年々、医療給付費（窓口患者自己負担分を除く）は増え続け、七五歳以上の医療給付費も、二〇一五年に約一四兆円、二〇二五年には約一八兆円に膨れ上がると見込まれています。しかし、これらは医療技術の向上や高齢化といった要素を加味していないため、あくまでも低く見積もった数値です。

一方、国立社会保障・人口問題研究所による「日本の将来推計人口（平成一八年一二月推計）」の統計と、粗く見積もった保険料負担割合で筆者が独自に試算すると、団塊の世代の多くが後期高齢者になる二〇二五年には、七五歳以上高齢者の一人当たりの平均保険料は、約九・四万～一〇・〇万円になると予想されます。現役世代（七四歳以下）も、一人当たりの支援金が平均約八・五万～九・〇万円となる見込みです。

つまり、七五歳以上及び現役世代（七四歳以下）においても、かなりの負担増となることが予測されます。[5)]

1　結城康博『入門 後期高齢者医療制度』ぎょうせい、二〇〇八年。
2　第三〇回社会保障審議会医療保険部会『健康保険組合及び政管健保の状況について』二〇〇八年九月一二日。
3　健保連「平成二一年度健康保険組合全国大会資料」二〇〇九年一一月一九日。
4　芝田英昭編著『国保はどこへ向かうのか――再生の道をさぐる』新日本出版社、二〇一〇年、三頁。
5　結城康博『入門 後期高齢者医療制度』ぎょうせい、二〇〇八年。

# 第五章　国民皆保険を守れるのか

## (一)医療サービスは究極の社会保障

### 誰もが安心して受けられる医療保障システムに

日本の医療保障システムは、社会保険制度を基軸に展開されています。ただ、かなりの公費が投入されているとはいえ(組合健保等は除く)、社会保険制度であるからには「負担と給付」という仕組みが前提となります。そうなると、保険料を支払えない人は、サービスが受けられないという事態を必然的に招きます。

医療サービスは病気や怪我といった、人の命にかかわるものなので、必要となれば必ず受けられなければならないサービスです。年金や介護といったサービスであれば、多少、本人が我慢をすることはできるかもしれませんが、医療サービスはそうはいきません。その意味では、負担という義務を果たさないからといって、医療サービスを受けさせなくてよい、ということにはならないのです。

確かに、保険料が支払えないほどの経済的困難に陥れば、生活保護制度を活用すればいいという考えもあります。ここ数年、生活保護を受給する人が増えています。しかも、生活保護を受給している人の中で、医療扶助という医療サービスを受給している人の割合も増えています（**図5－1**）。しかし、生活保護を受給するにはいくつかの条件があり、わずかな預貯金や資産があると受給が認められません。数年前には、ある自治体の例ですが、できるだけ申請すら受理しないようにしていたといったお役所体質がマスコミなどで批判されました。現実として、すべての人が生活保護を受けられるわけではないのです。その意味では、「保険料が支払えない人は、生活保護を」という単純な構図にはならないのです。

## 医療福祉制度の創設

今後も今の国民皆保険を堅持するには、国民健康保険制度が最後の砦として機能を果たすでしょう。それにしても問題は、何らかの理由で保険料を滞納してしまい、生活保護の受給までには至らない人を、どう救済するかです。

たとえば「医療福祉制度（仮）」といった税金を財源とする新しい制度を設けてみてはどうでしょう。国民健康保険料を支払えず、医療サービスを受けることができなくなっても、このような制度で救済できるようになれば、生活保護の申請は必要ありません。

これによって悪質な国民健康保険料の滞納者を前提

**図5-1　生活保護における被保護者と医療扶助実人員**

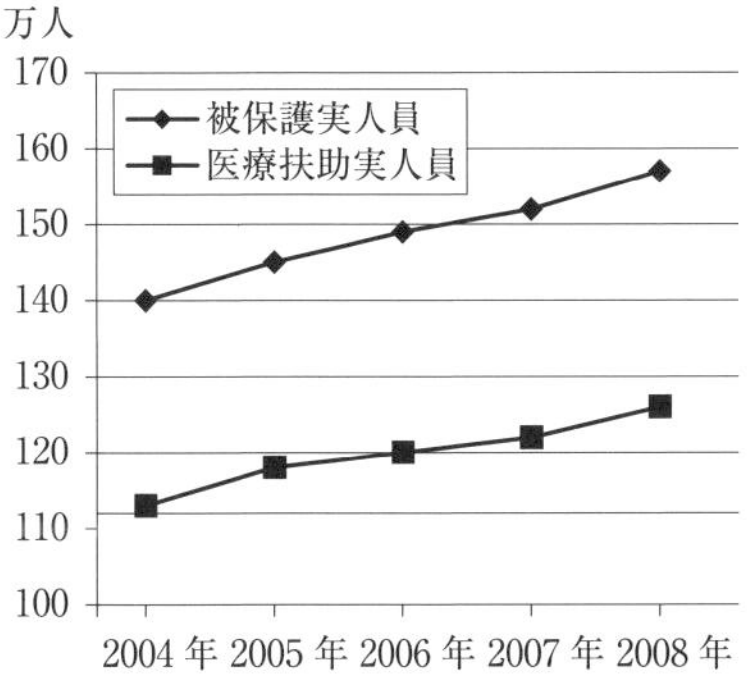


厚労省「平成20年度社会福祉行政業務報告」から作成

とした資格証明書の発行も推進できると考えられます。実際、本当に困っている人に資格証明書が発行されてしまう場合と、悪質な保険料滞納者に発行している場合があります。そのため前者の救済策という意味では、新制度の創設は意義のあるものだと考えられます。誰もが安心して医療サービスが受けられる医療保障システムの実現には、現行の「社会保険」か「生活保護」かといった二分法的な論理では不十分なのです。

**審査手数料の問題**

二〇一〇年四月二二日、厚労省『審査支払機関の在り方に関する検討会』が開催されました。そこで医療機関のレセプト(医療機関が診療報酬の請求をする明細書)が適切であるか否かを審査する手数料に、かなりの格差が生じているとの指摘がなされました。

現在、国民健康保険に関する審査は、国民健康保険団体連合会(国保連)が実施しています。国保連は市町村や国保組合を会員とする公法人で、レセプトの審査手数料は各都道府県単位で異なります。一件のレセプト当たり平均五五円になっていますが、最低価格は愛知県の三六円で、最高価格は奈良県の八四円となっています。

しかし、組合健保や協会けんぽに関するレセプトの審査支払機関は「社会保険診療報酬支払基金(支払基金)」が行っており、その単価は平均一〇四円となっているのです。つまり国保連は五〇円、支払基金が一〇〇円となっており、一件五〇円もの差が生じているのです[1)]。

市町村国保を中心に、財政運営が厳しいといわれながら、レセプトの審査支払手数料に、これだけの格差が生じていることは、何らかの事務運営が非効率であると考えられます。早急な見直しが必要です。

## (二)後期高齢者医療制度との統合を視野に

**図 5-2　市町村国保と高齢者医療制度との統合案**

| | | |
|---|---|---|
| 65 歳以上 | 市町村国保を都道府県単位で運営 | |
| | 自営業者や高齢者等 | 勤め人とその家族等 |

### 市町村国保の抜本的見直し

二〇一〇年五月、連休明けの国会で国保法改正案が成立しました。この中には「市町村国保の財政安定化のための都道府県単位による広域化の推進」という内容が含まれていました。簡単にいえば、これまで市町村単位だった国保の財政運営を、都道府県単位でも考えていくということです。

現在、厚労省の『高齢者医療制度改革会議』では、後期高齢者医療制度を廃止し、新たな高齢者医療制度を創設することが議論されています。そこで有力視されているのが、市町村国保と後期高齢者医療制度及び前期高齢者医療制度の統合案です。

具体的には市町村国保の運営を都道府県単位に広域化し、それらに六五歳以上の高齢者を全て加入させる(もしくは働いている高齢者等は除く)といった内容です(**図5－2**)。その意味では、後期高齢者医療制度と市町村国保は密接な関係にあるといえるでしょう。

もともと、後期高齢者医療制度の創設には、危機的な財政問題を抱える市町村国保をどう立て直していくかという問題が背景にあったので、これらはけっして唐突な議論ではありません。なお、新高齢者医療制度は二〇一三年四月からの施行をめざして議論されています（**図5－3**）。

**財源問題をどうするか**

仮に、市町村国保と高齢者医療制度が統合されて都道府県単位となったとしたら、加入者は高所得者が少なく病気になりがちな高齢者が多いため、加入者の保険料だけでは財政運営は難しいでしょう。当然、他の医療保険制度の支援金や公費投入の仕組みが必要となります。

統合された都道府県単位の新国保加入者の所得は必ずしも高くありません。また、高齢者が多く加入しているため、疾病リスクの高い人を多く抱えた医療保険制度となります。現在の後期高齢者医療制度と同様に、何らかの財政的な支援の仕組みが不可欠です。なお、国保組合がこれらの新国保に統合されるかは不明確です。

仮に保険者が都道府県となれば、現行の市町村国保よりは財政基盤が安定するメリット（小さい自治体の財政が安定する）がある反面、都道府県（保険者）と保険の窓口になる市町村（保険者ではなくなる）との関係が課題となります。その意味では、自治体間の事務運営の混乱を招かないようにするための配慮が求められます。

二〇〇八年四月から後期高齢者医療制度が施行された際、「加入者に新しい保険証が届かない」「保険料額が間違って徴収された」といった行政側のミスが生じました。これらは、後期高齢者

図 5-3　今後の高齢者医療制度の見直しスケジュール

| 2010 年末 | 2011 年通常国会 | 2011 年春の国会で審議 | 2011～2013 年 | 2013 年 4 月 |
|---|---|---|---|---|
| 現在，審議されている高齢者医療制度改革会議の最終取りまとめ案が決定 | 医療制度関連の改正法案を提出 | 提出法案が可決 | 政省令や実施体制，コンピュータの見直しなど 2 年間かけて作業にとりかかる | 新高齢者医療制度の施行（新市町村国保の施行？） |

厚労省関連資料から筆者が作成

医療制度の保険者が広域連合であったため、実際、加入手続きを行う市町村との連携がうまくいかなかったためでした。このようなことをなくすため、都道府県と市町村の連携を密にすることが必要です。

**その他の案**

現在、市町村国保と高齢者医療制度の統合案のほかに、次の三つの案が厚労省の高齢者医療制度改革会議で議論されています。

**① 段階的に都道府県単位で一元化する**

段階的に市町村国保を都道府県単位で統合して、その後、協会けんぽや組合健保、各種共済なども一本化させていき、最終的には都道府県単位で全ての保険者を統合させていくという案です。しかし、この案は自営業者と勤め人とでは所得の捕捉（厳格に把握すること）が不平等であり、平等に保険料が徴収できないのではないかとの疑問が出ています。また、組合健保が保険者機能として医療費がかからないように予防や健康事業などを行っており、これらの組織を解体させてしまう危険性が問題点として挙げられています。

## ②　六五歳以上を別建てにする

この案は、現役世代が従来の保険に加入し、六五歳以上になると全員が別建ての保険制度（都道府県単位）に加入する仕組みです（六五歳以上でも勤め人は、そのまま現役時代の保険に加入）。しかし、この案では加入する保険制度を年齢で区切ることや、六五歳以上の人の保険制度の財源の仕組みが大きな課題となります。

## ③　突き抜け方式

現行では勤め人が退職すると市町村国保に加入する仕組みとなっていますが、この案では退職しても、そのまま現役時代の医療保険制度に加入したままにする仕組みです。そして、勤め人以外は、市町村国保と高齢者医療制度を統合した都度府県単位の医療保険制度を新たに設け、加入させるというものです。しかし、再編される都道府県単位の国保における財政問題などが課題となっています。

### 市町村国保はやはり、都道府県単位に

いずれにしても後期高齢者医療制度の廃止に伴う議論の過程で、市町村国保は都道府県単位に統合される可能性が高くなっています。ただし、その場合は保険者を自治体である都道府県にするのか、後期高齢者医療制度と同様に広域連合にするのかは、これからの議論です。また、国保

図5-4　日本の医療保険制度と加入者の変遷

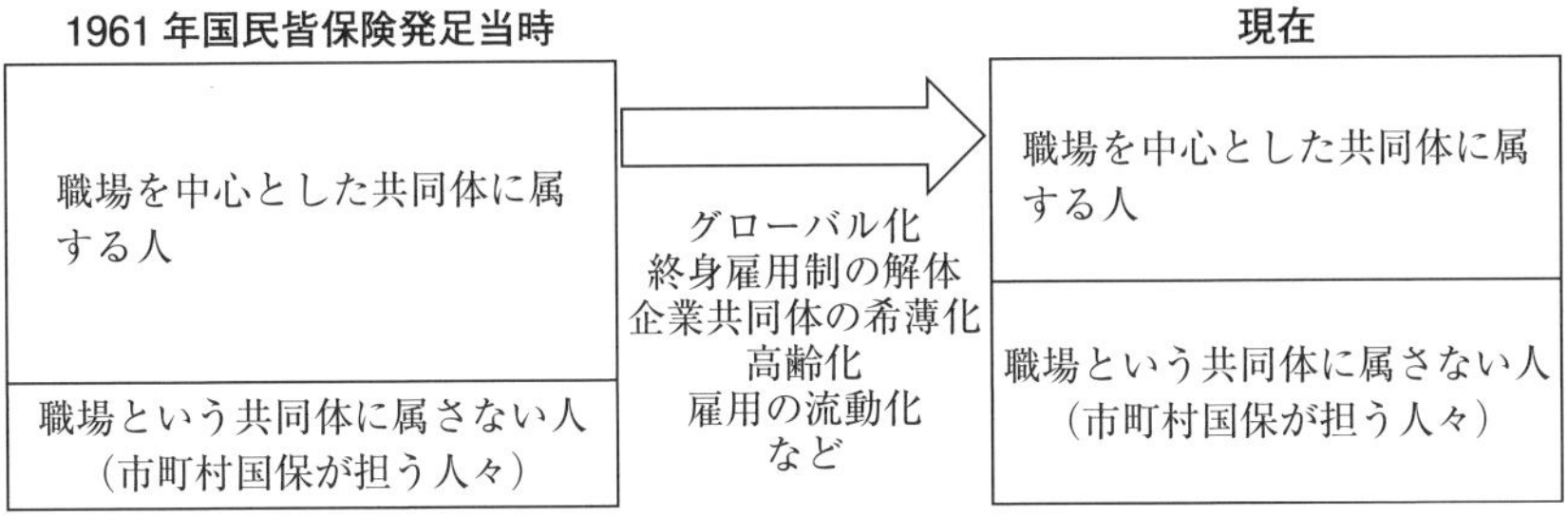


組合が新しい都道府県単位の国保に統合されるのか否かが重要な論点となります。

もっとも、高齢者医療制度の推移を見てきた筆者としては、現在議論されている四案は、約一〇年前の後期高齢者医療制度の創設議論[2]と類似した内容となっており、あまり進展がないように見受けられます。

## (三)医療保険制度の一元化が理想

### 職域単位の限界

繰り返しになりますが、日本の医療保障システムは職域単位で形成され、市町村国保がその枠組みからこぼれる人たちの受け皿となって国民皆保険が実現されてきました。しかし、雇用の流動化や高齢化などの社会的背景によって、職域といった共同体(枠組み)に帰属しない人が多くなってきました(**図5-4**)。

そうなると、職域単位を中心に考えることは難しくなり、結果的には市町村国保の役割が重要となってきます。そのため、医療保険制度を職域に関係なく、同じ制度に全住民が加入する仕組みに再編成することが理想でしょう。いわば職域という共同体機能が低下した社会状況に鑑《かんが》み、医療を全住民で支え合う仕組みに転換し、それに基づいて国民皆保険の堅持を図ればよいのではないでしょうか。

### 利害関係を乗り越えて

民主党は政権を担う以前、二〇〇九年総選挙のマニフェストで医療保険制度について、地域保険を軸に一元化する方針を打ち出していました。しかし、現在は一元的運用という方向に傾いています。政治的には、医療保険制度の一本化は難しい状況になっています。

確かに、制度を統合するには多くの課題があるかもしれませんが、政治主導によって各種団体の利害関係を乗り越えて、理想とする医療保障システムの構築が求められます。

## (四)国民皆保険を守るのは市民

現行の制度では、国民皆保険制度を守れるかどうかは、市町村国保の安定的な財政運営にかかっているといっても過言ではないでしょう。国民皆保険が世界に誇れる優れた制度であることは、誰もが認めるところです。しかし、市町村国保がそのキーポイントだと理解している人はそれほど多くないのではないでしょうか。

**冷めやすい国民気質**

読者のみなさんの多く、働いている人の多くは、組合健保や協会けんぽに加入しており、市町村国保のことにはあまり関心がないのかもしれません。しかし、現行の仕組みでは、誰もが年をとり高齢者になれば市町村国保に加入することになるのです。しかも、リストラや倒産といったように雇用環境が悪化すれば、誰もが市町村国保に加入することになります。

「自分は勤め人だから、市町村国保は関係がない」といった意識を改め、国民皆保険を堅持するにはどうすべきかを考えていってほしいと思います。そうすれば、市町村国保を安定的な運営にしていかなければならないことがわかるはずです。

世間の関心というのは、熱しやすくはあるのですが、冷めやすいもので、ちょうど二年前、後期高齢者医療制度をめぐって日本中が大騒ぎをしていたのですが、今、この話題を誰も語らなくなりました。しかし、後期高齢者医療制度の議論は、市町村国保との関係で大きな節目を迎えています。それなのに社会の関心は全くといっていいほどありません。市民にとって「医療」は生活に欠かせませんが、高齢者にとってはより一層切実なものです。今後、このような冷めやすい国民的気質も考えていかなければならないでしょう。

**財政負担は避けられない**

そして、やはり医療費の財源問題を国民は真剣に考えていくことです。どうしても「増税」や「保険料の引き上げ」を議論すると、国民は消極的になりがちです。特に、政治家はそのような姿勢になっているのではないでしょうか。しかし、どんなに政府の無駄遣いを是正しても、それだけでは、今後ますます高騰が予想される医療費を工面することはできません。まして高齢者層と密接に関連する「市町村国保の財源」問題は、国民全体で支え、負担し合っていくという方向に世論が向かわなくてはなりません。いわば「国民皆保険」を守るということは、最終的には国民全体で医療のために一定の負担を覚悟するということだと、筆者は思います。

1　国保連『国保情報』二〇一〇年四月二六日号、一四頁。
2　政府・与党社会保障改革協議会『医療制度改革大綱』二〇〇一年一一月。

結城康博

1969年生まれ．淑徳大学准教授．法政大学大学院博士課程修了(政治学)．地域包括支援センター(社会福祉士・ケアマネジャー・介護福祉士)および民間居宅介護支援事業所勤務ののち，現職．著書に『医療の値段――診療報酬と政治』『介護　現場からの検証』(ともに岩波新書)，『介護の値段――老後を生き抜くコスト』(毎日新聞社)，『介護入門――親の老後にいくらかかるか？』(ちくま新書)，『高齢者は暮らしていけない――現場からの報告』(共編著，岩波書店)など多数．

国民健康保険　　岩波ブックレット 787

2010年7月7日　第1刷発行

著　者　結城康博《ゆうきやすひろ》

発行者　山口昭男

発行所　株式会社　岩波書店
〒101-8002 東京都千代田区一ツ橋 2-5-5
電話案内 03-5210-4000　販売部 03-5210-4111
ブックレット編集部 03-5210-4069
http://www.iwanami.co.jp/hensyu/booklet/

印刷・製本　法令印刷　　装丁　副田高行


ISBN 978-4-00-270787-7　　Printed in Japan

# 読者の皆さまへ

岩波ブックレットは，創刊25年を機に装丁を一新いたしました(2008年6月新刊より)．新しい装丁では，タイトル文字や本の背の色で，ジャンルをわけています．

赤系＝子ども，教育など
青系＝医療，福祉，法律など
緑系＝戦争と平和，環境など
紫系＝生き方，エッセイなど
茶系＝政治，経済，歴史など

これからも岩波ブックレットは，時代のトピックを迅速に取り上げ，くわしく，わかりやすく，発信していきます．

## ◆岩波ブックレットのホームページ◆

岩波書店のホームページでは，岩波書店の在庫書目すべてが「書名」「著者名」などから検索できます．また，岩波ブックレットのホームページには，岩波ブックレットの既刊書目全点一覧のほか，編集部からの「お知らせ」や，旬の書目を紹介する「今の一冊」，「今月の新刊」「来月の新刊予定」など，盛りだくさんの情報を掲載しております．ぜひご覧ください．

▶岩波書店ホームページ　http://www.iwanami.co.jp/◀
▶岩波ブックレットホームページ　http://www.iwanami.co.jp/hensyu/booklet◀

## ◆岩波ブックレット目録◆

岩波ブックレット創刊25年を記念し，在庫書目の目録を作成いたしました．ご希望の方は，岩波書店販売部〈目録〉係宛にご請求ください．

## ◆岩波ブックレットのご注文について◆

岩波書店の刊行物は注文制です．お求めの岩波ブックレットが小売書店の店頭にない場合は，書店窓口にてご注文ください．なお岩波書店に直接ご注文くださる場合は，岩波書店ホームページの「オンラインショップ」(小売書店でのお受け取りとご自宅宛発送がお選びいただけます)，または岩波書店〈ブックオーダー係〉をご利用ください．「オンラインショップ」，〈ブックオーダー係〉のいずれも，弊社から発送する場合の送料は，1回のご注文につき一律380円をいただきます．さらに「代金引換」を希望される場合は，手数料200円が加わります．

▶岩波書店〈ブックオーダー〉 ☎049(287)5721　FAX 049(287)5742◀